DIE MODENSCHAU

Konzept – Gestaltung – Umsetzung

stiebner

DIE MODENSCHAU

Konzept – Gestaltung – Umsetzung

Estel Vilaseca

stiebner

Die englische Ausgabe dieses Buchs erschien 2010
unter dem Titel „How to Do a Fashion Show".
Copyright © 2010 by maomao publications, Barcelona

Übersetzung aus dem Englischen: Eva Korte
Satz und Redaktion der deutschen Ausgabe:
Gisela Witt für bookwise GmbH, München

Bibliografische Information der Deutschen Nationalbibliothek
Die Deutsche Nationalbibliothek verzeichnet diese Publikation
in der Deutschen Nationalbibliografie; detaillierte bibliografische
Daten sind im Internet über http://dnb.d—nb.de abrufbar.

Übersetzung © 2010 Stiebner Verlag GmbH, München

www.stiebner.com

ISBN-978-3-8307-0869-8

Printed in Spain

Titelbild: Armani Privé Haute-Couture-Frühjahrskollektion 2009.
© Fotografie von David Ramos

Was dazugehört

Was ist eine Modenschau? Wenn man erklären möchte, was der Begriff bedeutet, muss man die einzelnen Elemente, aus denen eine Modenschau besteht, genau beschreiben. Eine Kleiderkollektion, mehrere Models, ein Laufsteg und ein Publikum sind die wichtigsten Bestandteile dieser kurzen Vorführung, bei der ein Modeschöpfer seine neueste Kollektion präsentiert. Ob sie nun als Marketinginstrument dient, als Kommunikationsmittel oder zur exakten Übermittlung des Leitmotivs einer Kollektion – eine Modenschau kann ganz unterschiedlich inszeniert werden. Die Lichter gehen aus, und um den Laufsteg wird es still. Hinter der Bühne herrscht hektisches Treiben. Der Designer nimmt letzte Korrekturen am ersten Outfit vor. Der Laufstegregisseur gibt ein Zeichen, und das Eröffnungsmodel kommt auf die Bühne. Die Show beginnt.

Valentino Haute-Couture-Modenschau, Frühjahr 2009. Sorbonne, Paris. © Fotografie von David Ramos.

Definition

Mit einer Modenschau können Designer ihre Ideen transportieren, ihr Label bekannt machen, Medienresonanz erzielen und das Publikum für sich gewinnen.[1] Didier Grumbach, Geschäftsführer der Fédération Française de la Couture ist der Meinung: „Zu einer Modenschau wird man nicht gezwungen. Ein Designer möchte, dass seine Kreationen gesehen werden, und eine Modenschau ist eine einzigartige Gelegenheit, sein Können zu zeigen. Es ist die Möglichkeit, seine Ideen zum Ausdruck zu bringen."[2]

Wenn ein Modeschöpfer eine Kollektion entwickelt und fertiggestellt hat, muss er sie an die Öffentlichkeit bringen. Der Laufsteg ist die ideale Bühne dafür, da man den Fall und die Proportionen eines Entwurfs am besten in Bewegung an einem Model sehen kann. „Konzepte von Yohji Yamamoto, wie die Veränderung der Silhouette durch die Bewegung, entfalten ihre Wirkung am besten, wenn die fließenden, formbetonten Kleidungsstücke auf dem Laufsteg zu sehen sind", meint Claire Wilcox.[3]

Zum Publikum gehören Presse und Einkäufer, aber auch Stammkunden und Freunde. Einkäufer bestätigen nach der Modenschau ihre bereits Wochen vorher getätigten Bestellungen, sie ordern möglicherweise noch andere Kollektionsteile, und Reporter von Zeitungen und Modezeitschriften berichten über die Kreationen. Man achtet auch darauf, welche Looks sich für eine weitere Show eignen würden.[4]

Dazu braucht man nur einige ausgewählte Outfits, die neu zur Geltung gebracht werden, eine Bühne und ein Publikum.[5] Dann sind der Inszenierung einer Modenschau keine Grenzen gesetzt. Die internationalen Schauen finden zweimal jährlich statt – Januar/Februar und September/Oktober – der Terminkalender

LINKS Joe Edney und Matvey Lykov führen im Chelsea-Viertel in New York die Frühjahr/Sommer-Kollektion 2008 der Linie Y3 von Yohji Yamamoto und Adidas vor. © Fotografie von Mark Reay.
OBEN Detail der Herbst/Winter-Schau 2009 von Sophia Kokosalaki in Paris. © Fotografie von Gerard Estadella.

berücksichtigt dabei Entwurf, Produktion, Einkauf und Verkauf der Kollektionen. Diese werden bereits im Vorjahr entworfen. Im Herbst werden die Frühjahr/Sommer-Kollektionen des kommenden Jahres präsentiert und im Frühjahr die Herbst/Winter-Kollektionen. Die Modewochen in New York, London, Mailand und Paris sind besonders renommiert und erhalten das größte Medienecho. In letzter Zeit finden jedoch Städte wie Kopenhagen, Berlin und Sydney immer mehr Beachtung, vor allem bei unabhängigen Medien. Für manche Verlage ist es schwierig, die vielen Termine des Modekalenders wahrzunehmen. Es ist daher sehr wichtig, Ort, Tag und Räumlichkeiten für eine Modenschau sorgfältig auszuwählen.

Ein Designer baut allmählich von Show zu Show sein Image auf, macht sich einen Namen und erobert seinen Markt.[6] Einkäufer möchten kein Risiko eingehen und warten meist einige Saisons ab, bevor sie die Kollektion eines neuen Designers ordern. Sie beobachten zunächst, ob das Modelabel gute Qualität liefert und auch bei großen Stückzahlen professionell arbeitet.[7]

Eine Modenschau ist ideal geeignet zur Verkaufsförderung, allerdings auch sehr kostspielig, und der Einsatz lässt sich nicht immer direkt ausgleichen. Erst wenn die Kollektion eine gute Presse hatte und mehr geordert wird, amortisieren sich die Investitionen zum Teil wieder. Es ist daher entscheidend, nicht einfach draufloszuarbeiten, sondern eine zum Label passende Schau zu konzipieren und alle Details genau zu planen. Wenn die Kollektion in einem kleinen Detail nicht richtig ausgearbeitet ist und die Show nicht professionell abläuft, kann das dem Ruf und den Finanzen des Designers erheblich schaden.

Die Modepräsentationen werden heute immer vielfältiger, neue Arrangements und Konzepte werden ausprobiert, manchmal um den Umsatz zu optimieren, in anderen Fällen, um die Philosophie des Labels zu verdeutlichen. Einer der ersten Schritte ist die Auswahl der Teile für die Präsentation der Kollektion.

Die meisten Branchenkenner raten Newcomern, mit der glamourösen Modenschau zu warten, bis das Label etablierter ist und ein größeres Budget zur Verfügung steht. Stattdessen kann eine kurze Präsentation veranstaltet werden, in der nur die Kleidungsstücke im Vordergrund stehen. Nur wenige Minuten können über das Schicksal eines Modeschöpfers entscheiden, denn „eine Prêt-à-porter-Schau beflügelt oder ruiniert die Karriere eines Designers"[8]. Neue Präsentationstechniken sind daher zu einem wichtigen Instrument vor

allem für jene Designer geworden, die zwar nur über ein kleines Budget verfügen, dafür aber gute Ideen haben.

Ziele einer Modenschau

Eine Modenschau verfolgt viele und unterschiedlichste Ziele:

NEUE KOLLEKTIONEN VORSTELLEN

Dazu muss die Präsentation der Kollektion insgesamt attraktiv sein sowie dem Konzept und dem Stil entsprechen, die der Designer transportieren möchte. Die Pressemitteilung und das Pressedossier im Vorfeld sind wichtige Ergänzungen; sie informieren die Journalisten über die Zielgruppe und die Aussage der

Kleidungsstücke. Mit der Präsentation ihrer Entwürfe vermitteln die Designer auch Informationen über den Charakter ihres Modelabels, ob er zum Beispiel unkonventionell oder eher klassisch ist.

IN DEN MEDIEN BEACHTUNG FINDEN

Wer mit seiner Kollektion die Aufmerksamkeit der Presse auf sich zieht, hat schon gewonnen.[9] Der Reiz des Neuen und Innovativen ist dabei eines der am häufigsten eingesetzten Mittel. Pressefotos und Reporter weisen darauf hin, dass es bei einer Modenschau eigentlich immer um kommerzielle Interessen geht. Diese Tatsache ist am besten zu erkennen bei einem Blick auf

OBEN Bei der Modenschau von Bless treten Freunde und Kunden des Labels als Models auf. Die 36. Kollektion mit dem Titel Nothingneath wurde dementsprechend in einem typischen Pariser Hotel im Stadtviertel Marais präsentiert. Die Models zeigten die neue Kollektion in einer realen Umgebung, im engen Treppenhaus des Gebäudes, sodass die Gäste direkt mit ihnen in Kontakt treten konnten. © Fotografie von Heinz Peter Knes mit freundlicher Genehmigung von Bless. RECHTS Fast eine Ballettvorstellung – Abschluss der Modenschau von Hussein Chalayan mit dem Titel Airborne, Herbst/Winter 2007; mit den Models Behati Prinsloo, Julia Stegner und Kinga Rajzak. © Fotografie von Chris Moore mit freundlicher Genehmigung von Hussein Chalayan.

das Publikum und weniger bei der eigentlichen Show, die mit ihrer extravaganten Inszenierung von genau dieser wirtschaftlichen Zielsetzung ablenken soll.[10]

IM GEDÄCHTNIS BLEIBEN

Im Lauf einer Modewoche sehen sich die Redakteure der Zeitschriften zahlreiche Laufstegpräsentationen an: Wenn etwas ihre Aufmerksamkeit erregt hat, ist es wichtig, dass sich dieses Bild in ihr Gedächtnis einprägt, damit sie beim Schreiben ihrer Artikel auf diese Entwürfe zurückkommen. Eine perfekte Show, eine informative Pressemitteilung und gut ausgewählte, sorgfältig verarbeitete Einzelteile sind wichtig für

einen gelungenen Auftritt. Ganz gleich, ob die Schau besonders spektakulär und theatralisch ist oder einfach und minimalistisch, am Ende zählen die Entwürfe.

DIE KAUFENTSCHEIDUNG FÖRDERN

Ein Großteil des Publikums bei einer Modenschau sind Kunden. Diese werden durch die Präsentation in ihrer Entscheidung bestätigt und bleiben dem Modelabel treu. Neue Einkäufer lassen sich im Idealfall während einer Show von der Marke überzeugen.

ERWARTUNG WECKEN

Wenn es ein Designer geschafft hat, Presse und Einkäufer mit einer Modenschau zu beeindru-

cken, erscheint sein Name in den Magazinen. Das wiederum zieht neue Kunden an, die bei der nächsten Präsentation dabei sein möchten. Die Modenschau muss in sich stimmig und ein roter Faden zu erkennen sein.

Gefühle und Verführung

Gefühle und Verführung sind die Elemente, die Designer, Modereporter, Regisseure und Produzenten gerne einsetzen, um ihre Ziele zu erreichen. Designerin Miuccia Prada erklärt: „Ich habe Louise Bourgeois einmal gefragt, warum sich die Leute so für Mode interessieren, sie sagte: ‚Das hat mit Verführung zu tun.'"[11] Für das Model auf dem Laufsteg gilt:

Stell dich dar, elektrisiere das Publikum. Einmal hingucken, noch einmal, berauscht sein, ein letztes Mal hinschauen – das ist klug eingesetzte Verführung.

Moderedakteurin Jess Cartner-Morley beschreibt die Shows des Designers Dries Van Noten als „großartig und bewegend"[12], der Modeschöpfer sagt dazu. „Ich lege mein Herzblut hinein." Die Modereporterin Susannah Frankel beschreibt ähnlich poetisch, warum die besten Modenschauen in Paris stattfinden: „Nur in Paris bekommt man bei einer Modenschau Herzklopfen. Wenn man am Ende einer anstrengenden internationalen Modesaison die französischen Prêt-à-porter-Kollektionen sieht, ist man immer zu Tränen gerührt."[13]

Auch der Lichtgestalter Thierry Dreyfus möchte Gefühle hervorrufen, er versucht, zwischen den Vorstellungen des Designers und dem Publikum eine echte emotionale Beziehung herzustellen

und nicht nur Verkaufszahlen zu erhöhen. Dies ist seiner Ansicht nach sehr schwer und gelingt selten. Für ihn ist alles andere langweilig und reines Marketing.

Der Laufstegregisseur Alexandre de Betak ergänzt: „Mit Liveshows kann man die Emotionen des Publikums direkt beeinflussen. [...] dafür genügen Bruchteile von Sekunden. [...] Modenschauen sind aufwendiger geworden, nicht allein der Show wegen, sondern weil man auch die Aufmerksamkeit der Fernsehzuschauer gewinnen möchte."[14]

Die Produktion

Eine Modenschau ist ein Projekt, das genaue Planung erfordert, weil viele verschiedene Teams daran beteiligt sind. Ohne einen detaillierten Produktionsplan geht es nicht. Die Arbeit beginnt schon Monate vor dem großen Tag.

Wegen des großen Aufwands greifen Designer häufig auf Produktionsfirmen zurück, zumindest für Teilbereiche wie Bühnenbild, Ton- und Lichttechnik, Auswahl der Models, Anprobe, Laufplan, Accessoires oder die Koordination der Stylisten, Hairstylisten und Visagisten, aber auch für die Sicherheitsvorkehrungen, das Catering oder die Erstellung des Sitzplans.[15]

Je nach Designer gestaltet sich die Zusammenarbeit zwischen dem Label und der Produktionsfirma unterschiedlich. Einige Modeschöpfer begleiten jeden Schritt der Produktionsfirma und ihrer Mitarbeiter und geben den einzelnen Teammitgliedern genaue Anweisungen. Andere dagegen machen nur einige grundsätzliche Vorgaben und überlassen alles andere dem Produktionsteam. Produktionsfirmen wie Eyesight,

Villa Eugénie und Bureau Betak sind für viele Designer unentbehrlich geworden, weil sie in der Lage sind, mit ihren Teams auch die unmöglichsten Ideen zu realisieren. Besondere Ideen wie Hologramme von bekannten Models, ungewöhnliche Locations, überwältigende Beleuchtung und surreale Frisuren lassen sich jedoch nur mit einem großzügigeren Budget verwirklichen.

Wer ein kleines Budget hat, leitet die Produktion selbst. Manchmal leistet auch das zuständige Pressebüro Unterstützung bei der Koordination der verschiedenen Teams und bei der Erstellung der Lauf- und Zeitpläne.

Das Budget

Hinter einer Modenschau steckt ein großer zeitlicher und finanzieller Aufwand – und dies alles für einen flüchtigen Moment, der die

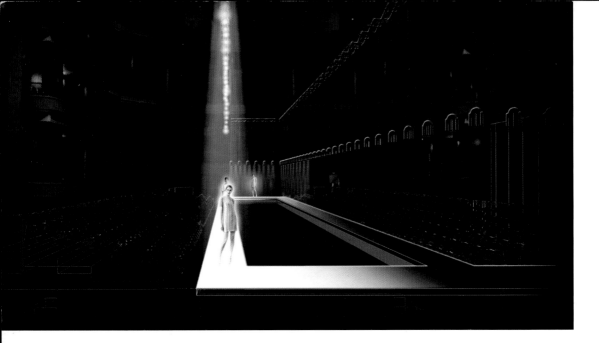

ganze Aussage transportieren muss. In der Regel dauert eine Show nicht länger als 20 Minuten. Nach neuesten Marktdaten kostet die Modenschau eines einzelnen Designers mindestens 30.000 Euro; eine Modenschau für ein Label, das sich bei den bekannten Modewochen präsentiert, 150.000 bis 300.000 Euro; und eine aufwendige Haute-Couture-Schau in Paris bis zu 850.000 Euro.[16] Doch Fachleuten zufolge können die Designer je nach Höhe der Investition das Zehn- bis Hundertfache ihrer Ausgaben für die Modenschau selbst, für die Fotos in Zeitschriften, Zeitungen und Blogs, für Fernsehreportagen etc. wieder hereinholen, wenn die Show erfolgreich verläuft.[17]

Einige Veranstalter von Modewochen bieten Newcomern die Möglichkeit, mithilfe von Sponsoren ohne großes finanzielles Risiko die erste Kollektion vorzustellen. Andere Jungdesigner versuchen, Sponsoren aus der Kosmetik- oder Getränkeindustrie zu gewinnen. Es ist wichtig, als Allererstes das Budget festzulegen, damit das gesamte Team seine Zeit und Energie richtig einteilen kann.

Von der Idee zur Veröffentlichung

Vom ersten Konzept bis zur Veröffentlichung in der Modepresse durchläuft die Planung einer Modenschau verschiedene Etappen, an der eine Vielzahl von Personen beteiligt ist.

Sobald die Kollektion steht und der Designer mit seinem Team die Teile fertigstellt, die gezeigt werden sollen, muss die Präsentation im Hinblick auf das

LINKS Für die Frühjahr/Sommer-Kollektion 2009 von Isaac Mizrahi entwarf der Raumgestalter Michael Brown das Konzept für die Modenschau; die Lichtgestaltung stammt von Michael Chybowski. RECHTS Wenn man die Show mit dem Entwurfskonzept vergleicht, fällt auf, dass die meisten Details nicht einfach zufällig entstehen, sondern über Wochen exakt ausgearbeitet wurden. © Fotografie von Michael Brown.

Budget und auf die angestrebte Marktposition des Labels geplant werden. Wenn ein Designer seine Kollektion während einer Modewoche im Ausland präsentieren möchte, ist die Location vorgegeben. Findet die Modewoche im eigenen Land statt, kann der Modeschöpfer mit der Wahl seines Veranstaltungsortes einen besonderen Akzent setzen.

Vor allem muss das Laufstegkonzept die Kollektion als sinnvolle Einheit erscheinen lassen. Show, Models, Beleuchtung, Musik, Outfits, Make-up und Frisuren müssen dem gleichen Schema folgen, nichts darf aus der Reihe tanzen. Diese Balance zu finden erfordert Anstrengung und Erfahrung. Der Designer lässt sich bei der Erstellung des Konzepts oft von einem Laufstegregisseur beraten, der freiberuflich arbei-

tet oder zum Produktionsteam gehört. Designer und Regisseur legen gemeinsam fest, wie die Show vorbereitet und durchgeführt werden soll.

Wenn das Grobkonzept für die Modenschau feststeht, ist es viel leichter, das Produktionsteam zusammenzustellen und jedem genau zu sagen, was er zu tun hat. Der Regisseur plant die Produktion mit dem Bühnenbildner. Der Stil kann theatralisch, minimalistisch oder konzeptionell sein – je nach Vorstellung des Designers. Zusammen mit seinem Team erarbeitet der Laufstegregisseur die erforderlichen Pläne. Auch der Lichtgestalter trägt wesentlich zum Erfolg einer Modenschau bei. Die Beleuchtung schafft eine bestimmte Atmosphäre, verändert das Aussehen der Models und

lenkt den Blick des Publikums auf bestimmte Details. Keine Modenschau kommt ohne einen entsprechenden Soundtrack aus. Ein professioneller Tongestalter stellt die Musik zusammen, die zu dem gewählten Konzept passt. Manchmal beauftragt der Designer auch eine Liveband, die der Show eine besondere Atmosphäre verleiht und damit die Medienresonanz erhöht.

Gemeinsam mit dem Stylisten wählt der Designer die Outfits aus, damit die gewünschte Aussage bei den Moderedakteuren in den vorderen Reihen ankommt. Die Zusammenstellung der Teile entscheidet über den Erfolg der Kollektion. Dann wird auch besprochen, welche Frisuren und welches Make-up zur Kollektion passen. Die Hairstylisten und Visagisten

probieren verschiedene Alternativen aus, bis das richtige Styling für die Modenschau gefunden ist. Der Besetzungschef wählt die Models aus und entscheidet gemeinsam mit dem Stylisten, welches Outfit diese am großen Tag tragen werden. Produzent und Laufstegregisseur legen die Choreografie fest, den Lauf- sowie den Zeitplan.

Alle diese Elemente müssen gut aufeinander abgestimmt sein, damit die Show ihre Wirkung erzielt und die angestrebte Aussage nicht nur beim Publikum, sondern auch bei der Medienberichterstattung ankommt.

Nach dieser intensiven Vorbereitung ist es wichtig, dass am Tag der Modenschau die zur Philosophie des Labels passende Fachpresse und die entsprechenden Einkäufer anwesend sind und der Designer sie nicht enttäuscht, damit das bestmögliche Echo erzielt wird. Das Presseteam stellt die Gästeliste zusammen, verschickt Einladungen, schaltet Anzeigen und legt den Sitzplan fest. Die Einladungen zur Modenschau, das Pressedossier und speziell gestaltete Werbegeschenke sind wichtige PR-Mittel. Sie schaffen eine bestimmte Atmosphäre, ziehen das gewünschte Publikum an und sind eine bleibende Erinnerung an die Show.[18] Ihre Gestaltung muss genau überlegt sein.[19] Viele Designer beauftragen Werbeagenturen mit ihrer Herstellung.

Manche Einladungen sind so schön gestaltet, dass sie zu wahren Sammlerstücken avancieren. Am Tag der Modenschau werden sechs Monate Arbeit innerhalb von 20 Minuten präsentiert.

So verwundert es nicht, dass eine Modenschau bei den Beteiligten Gefühlsausbrüche und Adrenalinschübe schon bei kleinen Pannen auslöst, sie sind typisch für diese Art der Präsentation. Am Tag danach schreibt das Presseteam eine Mitteilung mit Fotos von Show, Backstage und Gästen, aus denen die Modereporter auswählen können. Wenn die Modenschau beendet ist, sollte die Website umgehend aktualisiert werden, da sich die Öffentlichkeit bereits mit der Show

beschäftigt. Reporter, Kunden, potenzielle Käufer und Fans des Labels, die nicht bei der Modenschau dabei sein konnten, werden sie wahrscheinlich bald im Internet ansehen.

LINKS Die Pariser Modenschauen ziehen viele prominente Gesichter an, die wiederum für großes Presseecho sorgen. LINKS OBEN Dita Von Teese nach der Dior-Schau. © Fotografie von David Ramos. RECHTS Karl Lagerfeld im Gespräch mit der Presse während der Haute-Couture-Woche in Paris. © Fotografie von David Ramos.

Henrik Vibskov

Designer
www.henrikvibskov.com

Henrik Vibskov geht als Designer seine eigenen Wege. Seine Herrenkollektionen präsentiert er in Paris und die Damenkollektionen in seiner Heimat Dänemark, wo er ein echter Star ist. Charakteristisch für ihn ist die Verknüpfung von Gewöhnlichem und Ungewöhnlichem. Er zieht alle Register der Sinne und Trends. Dabei lässt er nicht einfach nur alte Stilrichtungen wieder neu aufleben, sondern gestaltet kontroverse Kunstwerke, die zu seinem Markenzeichen geworden sind. Als künstlerischer Querkopf versucht Vibskov, die Konventionen zu sprengen; dennoch schafft er es, seine Philosophie dem System anzupassen.

Was versteht Henrik Vibskov unter einer Modenschau?

Ein Universum erleben, aus so vielen Elementen wie möglich und mindestens 20 Minuten lang. Es interessiert mich, wie andere auf Farben und Formen, auf Gefühle und Situationen reagieren, und ich möchte einfach locker mit ihnen darüber kommunizieren. Für die Herbst/Winter-Kollektion 2009 habe ich bei meiner Show zum Beispiel Wäsche gewaschen.

Woher bekommen Sie Ihre Anregungen für die unkonventionellen Präsentationen?

Ich habe viele Inspirationsquellen. In meiner Arbeit spiegelt sich einfach mein Lebensumfeld wider. Die Ideen kommen mir meistens, wenn ich in meinem Garten in Kopenhagen sitze. Bei der Kollektion The Solar Donkey Experiment waren der Grundgedanke des Kommunizierens und das Konzept der analogen Verständigung überall sichtbar, in der Installation und in der Präsentation der Kollektion. Die Models wurden von Eseln begleitet, sie standen für die Langsamkeit und das Analoge. Es war fast so, als wollten wir mit der ganzen Welt über eine

art mobile, mechanische Installation kommunizieren.

Wie lange brauchen Sie, um eine Show vorzubereiten?

Das hängt von der Inszenierung ab, normalerweise sind wir in zwei Monaten fertig. Bei der Präsentation The Big Wet Shiny Boobies für die Frühjahr/Sommer-Kollektion 2007 hatten wir drei Formen, negative und positive, um die Möpse zu produzieren, und wir mussten viel herumprobieren. Das war echt giftig ... Aber zurück zur Frage, der Zeitplan ändert sich ständig, man kann das kaum vorausplanen. Vor allem, weil sich so viele Phasen überschneiden.

> *„Die Modenschau der Zukunft hat mehr Musik, mehr Leute, mehr Tiere und mehr Inspiration.“*

Arbeiten Sie mit einer Produktionsfirma oder haben Sie Ihr eigenes Team?
Wir machen das selbst. Ich habe ein tolles Team, mit dem ich schon viele Jahre arbeite. Wir sind ungefähr 20 Leute. Ich brauche zum Beispiel viele Mitarbeiter, um die Teile auszuwählen, die bei der Show gezeigt werden. Ich habe aber auch eine genaue Vorstellung davon, wie die Outfits auf dem Laufsteg aussehen sollen.

Ihre Produktionen sind so ausgefeilt und überraschend ... Entwickeln Sie Ihre Ideen zusammen mit einem Laufstegregisseur?
Das wäre schön! Aber ich weiß, was ich will, und arbeite mit meinem Assistenten an den Projekten.

Können Sie uns sagen, was Ihre Modenschauen ungefähr kosten?
Über Geld redet man nicht!

Ver kommt zu Ihren Shows?
Wir bereiten sie einfach vor und hoffen, dass die Leute kommen. Wir machen es möglichst unkompliziert. Am liebsten haben wir offene Veranstaltungen. Es sind so viele Leute daran beteiligt, dann ist es schön, wenn sie ihre Freunde und Bekannten einladen können. Manchmal kann man nicht alle einladen, auch wenn man möchte. Es kommt darauf an, was die Location hergibt. Bei der letzten Show konnten die Leute Karten für die erste Reihe kaufen.

Welche Show war bisher am schwierigsten durchzuführen?
Sie sind nie einfach, und wir haben immer enorm viel Arbeit mit den Installationen, die wir für die Präsentation brauchen. Vor allem, weil sie so groß und für die Show so wichtig sind. The Solar Donkey Experiment war besonders schwierig, weil nicht nur Menschen mitspielen. Haha.

Wie bedeutend ist eine Modenschau für einen Designer?
Ich denke, sie ist extrem wichtig, damit die Leute dich verstehen können und du die Kollektion in der Umgebung präsentieren kannst, in der du sie dir vorgestellt hast und vielleicht noch eine Story dazu erzählen kannst.

Wie stellen Sie sich die Modenschau der Zukunft vor?
Ich hoffe, dass sie immer offener wird und nicht nur bestimmte Leute dabei sein dürfen. Mehr Musik, mehr Leute, mehr Tiere und mehr Inspiration.

LINKS Die Herbst/Winter-Schau 2009, The Human Laundry Service. DIESE SEITE GANZ OBEN Präsentation der Frühjahr/Sommer-Kollektion 2008, Fantabulous Bicycle Music Factory. OBEN Die Frühjahr/Sommer-Schau 2007 mit dem Titel The Big Wet Shiny Boobies. © Fotografien von Alastair Wiper mit freundlicher Genehmigung von Henrik Vibskov.

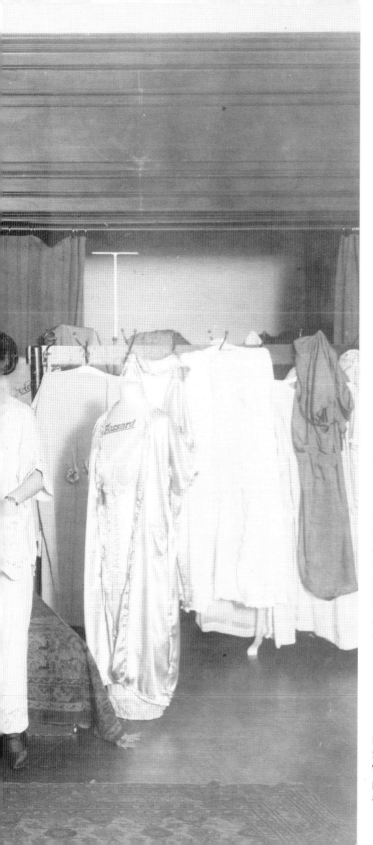

Rückblick

Ein kurzer historischer Überblick soll zeigen, wie man früher Kleidung präsentierte und wie die Idee der Modenschau entstand. Alles entwickelt sich irgendwann einmal, auch Kleiderpräsentationen; zu einer bestimmten Zeit und aus einem bestimmten Grund – nichts ist Zufall. Anfangs waren die Models nicht unbedingt schön und schlank wie heute, sie waren keine Stars. Es waren die jungen Damen, die in den Läden die schweren Spiegel hochhielten, damit sich die feine Gesellschaft darin gefallen konnte. Da lag es nahe, dass sie auch die Roben vorführten, die der Couturier den Kunden anbieten wollte. Man saß bequem im Salon und überlegte beim Anblick der vorbeiziehenden Mädchen, was man beim nächsten Wohltätigkeitsball tragen könnte.

Modenschau in den Zwanzigerjahren in Wells Shop, einem Salon für Korsetts und Hüte in Washington. Fotografie: National Photo Company Collection. Originalnegativ LC-F8-6877 aus der USA Library of Congress.

Wie alles begann

In den eleganten Ballsälen des 19. Jahrhunderts kämpften die Damen und Herren um die Plätze in der ersten Reihe, um zu sehen, wie die Gäste gekleidet waren. Der Adel vertrieb sich seine Zeit damit, zu sehen und gesehen zu werden. Auch Modenschauen besitzen etwas von diesem voyeuristischen Spiel. Ähnliche Absichten findet man bei Schönheitswettbewerben, wo es darum geht, die hübscheste Kandidatin zu küren. Die Modehistorikerin Valerie Steel[1] nennt keinen genauen Zeitpunkt zur Entstehungsgeschichte von Modenschauen. Die meisten Historiker vertreten die These, dass der Modeschöpfer Charles Frederick Worth Ende des 19. Jahrhunderts zum ersten Mal eine Art Modenschau veranstaltete.[2]

Bis dahin hatten Schneider und Näherinnen nach den Ideen, den Stoff- und Detailvorgaben ihrer Kunden Kleider gefertigt.

Charles Worth revolutionierte den Entstehungsprozess von Kleidung und führte ein bisher unbekanntes Produktionssystem ein: Er entwarf die Kleidung nach seinen eigenen Vorstellungen und ließ sie dann nähen. Die Kunden konnten die Kleider aus seiner Kollektion auswählen und erhielten eine Maßanfertigung.

Dieses neue Verständnis von Mode erforderte eine neue Art der Präsentation: die Modenschau. Worth hat vermutlich auch Mannequins verpflichtet, die die Kleidung in Bewegung zeigten. Ausschließlich geladene Gäste durften in elegant eingerichteten Räumlichkeiten seine Kollektion an den jungen Vorführdamen bestaunen.[3]

Doch anfangs hatten die Kunden Vorbehalte. Sie waren es gewohnt, dass der Schneider sie zu Hause besuchte, und diese Exklusivität befürchteten sie durch eine Veranstaltung mit mehreren Kunden zu verlieren. Worth blieb

LINKS Lady Duff Gordon 1916 bei der Anprobe eines Abendkleids in ihrem Atelier in New York. Fotografie mit freundlicher Genehmigung von Randy Bryan Bigham. OBEN Stich aus dem Jahr 1777 von Darly aus der British Cartoon Prints Collection der USA Library of Congress. Der Titel *The Back-Side of a Front Row* (Die Rückseite einer ersten Reihe) lässt darauf schließen, dass bei Modenschauen, wie bei anderen feinen Anlässen auch, jeder gerne in der ersten Reihe sitzen wollte.

LINKS Werbung von 1870 mit acht Vorführherren. Modenschauen orientierten sich anfangs an diesem Schema, sie stellten ein bewegtes Bild dar. **RECHTS** Ein Mannequin in pathetischer Pose mit einem Kleid des Modeschöpfers Paul Poirct für das amerikanische Kaufhaus Gimbels, das als eines der Ersten Modenschauen in Kaufhäusern veranstaltete. 1914, Bain News Service, USA Library of Congress.

jedoch hartnäckig und konnte sie mit seinen Kreationen überzeugen. Seine Modenschauen wurden bald zum festen Bestandteil des Terminkalenders der feinen Gesellschaft.

Anfangs waren die Vorführdamen nicht besonders schlank oder schön. Sie mussten die Kleider einfach nur tragen und geradeaus gehen.[4] Eine Vorführdame, auch Sosie (frz. für Doppelgängerin) genannt, wurde von den Kunden oder Verkaufsassistenten ausgewählt. Marie Vernet stellte hier eine Ausnahme dar. Sie gilt als erstes Mannequin in der Geschichte der Mode. Jahre nach ihrem Debüt heiratete sie Worth und trug zu seinem Erfolg bei.

Die Methode, Kleidungsstücke nacheinander zu präsentieren und passende Entwürfe als Kollektion zusammenzustellen, hat seinen Ursprung auch in den Magazinen, in denen die Auswahl der einzelnen Modehäuser für die kommende Saison vorgestellt wurde. Diese Präsentation verlagerte sich in die Modesalons, in denen nicht mehr die Ankleidepuppen (frz. für mannequins), sondern junge Damen die neueste Mode vorführten.

Die ersten Modenschauen

Die Modenschau entstand zur gleichen Zeit wie die Lichtspielhäuser und sie erinnerte anfangs auch an Elemente des Theaters. Die Modehistorikerin Caroline Evans[5] sieht eine interessante Parallele zwischen Modenschau und Film in dieser Zeit: „Es gibt visuelle Ähnlichkeiten zwischen der Wirkung von Mannequins in einer Modenschau und Schauspielern in einem Film. Bewegung und Geschwindigkeit scheinen das moderne Leben in Kunst und Wirtschaft bestimmt zu haben. Auch hinter der Modenschau steckt der Wunsch, modernes Leben nicht nur abzubilden, sondern ihm Substanz zu verleihen."

Der Pariser Modeschöpfer Paul Poiret konzipierte im Sommer 1910 als Erster eine Präsentation exklusiv für die Presse. Poiret ließ die Mannequins jeweils zu zweit auftreten. Bei der Veranstaltung waren ein Reporter und ein Fotograf anwesend. Ein paar Tage später erschien in der Zeitung *L'Illustration* der Artikel „Une leçon d'élégance dans un parc" (Eine Lektion Eleganz im Park).[6] Lady Duff Gordon, die britische Modeschöpferin mit dem Atelier „Lucile", war mit anspruchsvollen Präsentationen in ihrem Modehaus eine Mitbegründerin dieses neuen Trends. Der Vorführraum war mit spezieller Beleuchtung

ausgestattet, die Vorführdamen trugen exotische Namen und präsentierten die Roben unter der Regie von Lucile mit stolzen und theatralischen Posen einem ausgewählten Publikum. Musiker untermalten die Szenerie. Lucile erklärte sich selbst zur Erfinderin der Modenschau. Diese Meinung wird nicht von allen Modehistorikern geteilt, man steht ihr jedoch einen gewissen Anteil daran zu.

Lucile nutzte ihre Kenntnisse, die sie beim Entwerfen der Kostüme für Musicals und Tanztheater erworben hatte, und verwandelte ihren Verkaufsraum in der Hanover Street in ein Minitheater. In ihren Aufzeichnungen berichtet sie: „Der große Verkaufsraum war mit einem edlen weichen Teppich ausgelegt, und passende graue Brokatvorhänge hingen an den Fenstern. Ganz am Ende des Raums war eine kleine Bühne, die mit olivgrünen Tüllgardinen im Hintergrund für die gewünschte Wirkung sorgte." Für diese Produktion engagierte Lucile sechs Mannequins: Diese „erhabenen Göttinnen" konnten ihre Entwürfe „angemessen zur Geltung bringen". Nach hartem Training mit Fahrten zum Friseur sowie langen Probeläufen mit Büchern auf dem Kopf hatte sie diese Mädchen zu einer „Inkarnation der Weiblichkeit"[7] umgeformt.

Die Verwandlung der Vorführdamen vollendete Lucile damit, dass sie die ihrer Meinung nach „unangemessenen Namen" wie Susie oder Kathleen Rose, die Schlüsse des Publikums auf ihre nicht adlige Herkunft zuließen, gegen exotische Namen wie Gamela, Dolores oder Have austauschte, „je nach Persönlich-

OBEN In ihren Verkaufsräumen in Paris veranstaltete Lady Duff Gordon eine der ersten Modenschauen. Die Kreationen der Modeschöpferin zogen die Kunden in den Bann, Fotografie aus dem Jahr 1914. Mit freundlicher Genehmigung von Randy Bryan Bigham. RECHTS Bei den ersten Modepräsentationen waren die Models nicht immer besonders hübsch, es wurden in den USA jedoch regelmäßig Schönheitswettbewerbe veranstaltet. Diese beiden Elemente wurden erst einige Jahre später verknüpft zur eigentlichen Modenschau. Fotografie einer von der Firma Spalding gesponserten Bademodenschau in Seal Beach, Kalifornien, am 14. Juli 1918. Miles F. Weaver, USA Library of Congress.

keit des jeweiligen Mannequins". Lucile war eine der Ersten, die die schauspielerischen Fähigkeiten und den Sex-Appeal der jungen Vorführdamen gezielt einsetzten. Luciles theatralische Modenschauen waren in Londons feiner Gesellschaft bald berühmt, und ihr Geschäft florierte. „Wenn sich die Beleuchtung änderte, die Musik aufspielte und die Mannequins den Laufsteg betraten, gab es keine noch so füllige oder ältliche Dame, die sich nicht in diesen Kleidern sah, die von den schönen schlanken Mädchen vorgeführt wurden. Und das war der Anreiz zum Kauf."[8] Der absolute Star der Modenschau war jedoch Lucile selbst: Wenn sie auf die Bühne trat, um ihre eleganten Kreationen anzubieten, verkörperte sie ihre Mode geradezu perfekt.

Die Zwanzigerjahre

In den Zwanzigerjahren stellten Modenschauen wichtige gesellschaftliche Ereignisse dar. Sie fanden in den Salons der Couturiers statt oder auch in Theatern. Die Mannequins bewegten sich langsam, schweigend und distanziert, während der Modeschöpfer die Kollektion erläuterte.[9]
Die zweite Generation von Couturiers, wie Paquin, Doucet, die Schwestern Callot, später Chanel und Poiret, gründete ihre Modehäuser Anfang des 20. Jahrhunderts und machte Paris zum Nabel der Modewelt. Jeanne Paquin, die zu den Pionieren der Modepräsentation gehört, veranstaltete in Theatern prunkvolle Schauen. Sie ließ ihre Mannequins auch bei beliebten Veranstaltungen wie den Pferderennen in Longchamp mit ihren eleganten Kreationen

flanieren. Coco Chanel wies ihre Models an, eine Pose einzunehmen, die für sie typisch wurde: Hüfte vorgeschoben, Schultern zurück, ein Fuß vor dem anderen, eine Hand in der Tasche und mit dem anderen Arm gestikulierend. Chanel war der Meinung, dass Gesten und Haltungen ihren Kleidern Lebendigkeit verleihen würden, und ihre Pose wurde bekannt für ihren individuellen und einzigartigen Stil.
Jean Patou führte eines der ersten Castings durch, bei dem er ausschließlich hellhäutige amerikanische Frauen für die Präsentation seiner Kleider auswählte. Dadurch konnte sich die Kundschaft leichter mit seinen Entwürfen identifizieren, und das bewirkte auch, dass der Beruf des Mannequins stärkere gesellschaftliche Anerkennung erfuhr.

PARIS FASHIONS 1912.

In den USA

In Paris fanden die Modenschauen in Verkaufsräumen statt und waren der Oberschicht vorbehalten. Diese Idee griffen die großen Kaufhäuser in den USA auf: Sie zeigten vor großem Publikum die aus Frankreich importierten Kollektionen. Die Händler organisierten Schauen, auch in Restaurants. Die Vorführungen waren sehr theatralisch, ein Moderator kommentierte die Kleidung. Edna Woodman Chase, die 1914 eine der ersten Schauen in den USA (Fashion Fête) veranstaltete, sagte 1954, Modenschauen seien zum Ausdruck eines Lebensstils geworden.[10]

Diors New Look

Die Präsentation der Kollektion New Look von Christian Dior

LINKS Zwei junge Damen beim Pferderennen in Longchamp 1912. George Grantham Bain Collection, USA Library of Congress. RECHTS Coco Chanel 1929 in ihrer typischen Pose in der Rue du Faubourg Saint-Honoré, Paris. Fotografie von Sasha/Getty Images.

1947 stellt einen Wendepunkt in der Geschichte der Mode und in der Gestaltung von Modenschauen dar. „Der am Vortag noch unbekannte Dior", schreibt Françoise Giroud, „wird auf einen Schlag berühmt."[11] Marie France Pochna gibt eine Vorstellung von der Präsentation des Modeschöpfers, wenn sie die *Vogue*-Redakteurin Bettina Ballard[12] zitiert: „Das erste Model kommt mit einem solchen Schwung auf die Bühne, dass die Aschenbecher davonfliegen. Temperamentvoll folgen ein, zwei, drei Models und lassen die Gäste eine nie da gewesene, theatralische Präsentation erleben."[13]

Bis zu diesem Zeitpunkt hatten die meisten Couturiers ihre Kleider in einer getragenen, ruhigen Atmosphäre vorgestellt.

Es herrschte Schweigen, das nur durch die Stimme unterbrochen wurde, die die jeweilige Nummer ansagte.[14] Dior gab seinen Models Fantasienamen. Die Models verliehen seinen Kleidern Lebendigkeit und erzeugten Spannung durch Rhythmus und Bewegung.

Die Fünfziger und Sechziger

In Anlehnung an die amerikanische Konfektionsmode entsteht 1949 die Bezeichnung Prêt-à-porter. Die neue Kultur der Massenproduktion und ein höherer Lebensstandard führen nach dem Zweiten Weltkrieg dazu, dass Mode zu einer universellen Strömung wird, die alle sozialen Schichten erfasst. Modeschöpfer spezialisierten sich auf Prêt-à-porter und waren für die jeweilige Marke Designer, Modellmacher

OBEN Die Journalisten sind beeindruckt von der perfekten Präsentation bei Christian Dior. In der ersten Reihe sitzen Marie Louise Bousquet und die berühmte Carmel Snow von *Harper's Bazaar*, Paris; die Redakteurinnen analysieren die Kollektion des Designers akribisch. Dahinter mit voller Aufmerksamkeit Alexander Liberman, künstlerischer Leiter der amerikanischen *Vogue*. Fotografie von John Chillingworth/ Getty Images, August 1955. **RECHTS** Zehn Jahre danach, eine freche britische Modenschau bei der Biggin Hill International Air Fair. Neue Formen der Gestaltung und Produktion von Modenschauen entstehen. Fotografie von Keystone/Getty Images.

und Produktionsleiter zugleich. Sie sorgten oft auch für die Vermarktung der eigenen Mode.[15]

Die britische Designerin Mary Quant ließ ihre Models bei einer Veranstaltung in einem Hotel in der Schweiz zu Jazzrhythmen tanzen und laufen. Die Teilnehmer dieses Gala-Diners waren höchst überrascht.

In Frankreich fanden 1966 neuartige Modenschauen statt, die frischen Wind in die klassischen Prêt-à-porter-Schauen brachten: Paco Rabanne veranstaltete eine Modenschau mit dem Titel „Robes importables en matériaux contemporains" (Untragbare Kleider aus zeitgemäßem Material)[12], Pierre Cardin ein Modenschau-„Happening" auf der Straße und Christiane Bailly eine verrückte Präsentation, bei der

Models eine zu ihren Miniröcken farblich passende Gemüsekette hinter sich herzogen.[16]

Mode in den Medien

Der japanische Designer Kenzo Takada nutzte bereits 1970 die Medienwirksamkeit einer Modenschau. Diese fand auf einer Bühne vor einem riesigen Publikum statt, mit viermal so viel Besuchern wie sonst üblich. Die Models durften ihren Auftritt frei improvisieren.[17] In diesem Jahrzehnt wurden die Prêt-à-porter-Schauen immer größer, und die beiden Models Jerry Hall und Pat Cleveland zeigten, dass der Laufsteg eine Bühne und ein Model ein Star sein kann: Das war die Geburtsstunde des Topmodels. Damit gewann die Produktion einer Modenschau immer stär-

ker an Bedeutung, und der Beruf des Set-Designers entstand, der folgende Aufgaben umfasst: „Sie verwandeln den Laufsteg anhand der Leitmotive der Kollektion in eine Show, bei der Einleitung und Schluss eine wichtige Rolle spielen. Sie wählen die Musik und die Models aus."[18] Ein entsprechendes Medienecho erzielten als Erste die Set-Designer Norbert Schmitt und Bernard Trux.

Die Achtziger zeichneten sich durch einen übersteigerten Luxus aus. Die Modenschauen wurden über Kabel oder Satellit übertragen, die Presse war allgegenwärtig, und backstage floss der Champagner. 1984 feierte Thierry Mugler sein zehnjähriges Jubiläum mit der ersten öffentlichen Modenschau, bei der den 6.000 Besuchern gegen

Bezahlung Einlass gewährt wurde: Die Präsentation dieser Herbst/Winter-Kollektion 1984/85 fand im Zénith in Paris statt.

In den Achtzigern lud man Versace zur Haute-Couture-Woche ein, er sollte ihr neuen Schwung verleihen. Bis dahin wurde Haute Couture meist vor höchstens 200 geladenen Gästen in einem Showroom gezeigt. Versace ging einen anderen Weg. Er veranstaltete die Schau nicht in seinen Verkaufsräumen, sondern auf einem Laufsteg über dem Pool des Ritz-Hotels; die erste Reihe besetzte er mit prominenten Gästen.[19] Seine Präsentation sorgte für Furore in der Modewelt. Gina Bellafonte berichtete darüber im *Time Magazine*: „Gianni Versace gelang es im Handumdrehen, Mode zu etwas zu machen, das alle begeistert und nicht nur eine kleine Elite interessiert."[20] Modehäuser wie Chanel, Valentino, Alaïa und Armani kämpften um die Gunst der Medien und der Fans. Sie suchten sich die besten Models, die immer mehr zu Stars wurden, und investierten große Summen in ihre Shows.

Die andere Seite

Weitab von grellen Lichtern, von europäischer High Society und großen Budgets, außerhalb von Paris, probte die Mode eine Revolution. Unter der Maxime Anarchie und Individualität machte der Punk London zur neuen Modemetropole. In ihrem Buch *Catwalking* zitiert Harriet Quick einen Reporter des Magazins *i-D*, Caryn Franklin: „Es ging um Individualität. Die Designer spiegelten die Club- und Straßenkultur wider und suchten ihre Models auf der Straße, in Clubs und bei Freunden. Ich weiß noch, was ich bei den Schauen in Paris dachte: Ist das alles, was die Models machen? Immer nur auf- und abgehen? Klar, das war die Norm."[21] Vivienne Westwood verband Einflüsse von der Straße mit Ethnomode und viktorianischem Stil. Sie begeisterte damit Tausende von Fans und erzielte vom ersten Tag an ein enormes Medienecho. Sie definierte ein neues Verständnis von Kleidung, einer Kollektion und deren Präsentation. Diese frische Brise aus London inspirierte den Newcomer Jean Paul Gaultier, der sich mit seinen Entwürfen über den Zeitgeist mokierte. Er setzte unkonventionelle Models wie Transvestiten oder Menschen mit Tattoos ein.

Die Aussage zählt

Die erste Modenschau des Labels Comme des Garçons in

LINKS Martin Margiela faszinierte mit seiner ersten Modenschau, für die er das Thema Japan wählte. Bei der Präsentation seiner ersten Kollektion für Frühjahr/Sommer 1989 waren die Schuhsohlen der Models rot eingefärbt und hinterließen Spuren auf der weiß ausgelegten Bühne. Aus diesem Stoff entstand eine Jacke für die nächste Saison. © Fotografie von Raf Coolen.
RECHTS Hussein Chalayan entwickelte von Show zu Show seine individuelle Art der Präsentation. Drei bis sechs Models tragen die Entwürfe, die sein Konzept am besten verdeutlichen, und geben damit das Leitmotiv der Schau vor. Im Bild die Kollektion Afterwords für Frühjahr/Sommer 2000. © Fotografie von Chris Moore mit freundlicher Genehmigung von Hussein Chalayan.

Paris war neuartig und erweiterte die Palette der verschiedenen Formen und Genres von Modenschauen. 1982 liefen kahl geschorene Models zu dissonanter Musik über den Laufsteg und brachten die Presse gegen die japanische Designerin Rei Kawakubo auf. Sie verglichen ihre Modenschau mit der Tragödie von Hiroshima. Man warf ihr sogar vor, das Bild der Frau negativ darzustellen. Kawakubo lehnt die bürgerliche Vorstellung von Kleidung als Mittel der Verführung ab und verwendet Mode dazu, Ideen zu vermitteln. Die Models selbst waren Teil der Aussage.[22]

Sechs Jahre danach präsentierte Martin Margiela seine erste Modenschau, bei der die Models mit verhülltem Gesicht und roter Farbe an den Schuhsohlen über weißen Stoff liefen. Dieses Material verwendete er anschließend für seine zweite Kollektion.

1999 zeigte Hussein Chalayan während der Londoner Modewoche unter dem Titel Echoform eine Modenschau mit politischem und konzeptuellem Inhalt. Bei einem Defilee zeigte er auch ein Model mit einer Burka, die schrittweise verkürzt wurde, bis das Model nackt mit verschleiertem Gesicht auftrat.

Der Laufsteg als Bühne

In den Neunzigern war Haute Couture fest in der Hand britischer Designer wie John Galliano, der zunächst für Givenchy und später für Christian Dior arbeitete, und Alexander McQueen, der Gallianos Nachfolge bei Givenchy antrat. Bis dahin gab es keine große Berichterstattung über die Haute Couture in der Presse, da das Zielpublikum für diese elitäre Modesparte klein ist. Doch durch die beiden Newcomer wurden Haute-Couture-Schauen plötzlich en vogue und erzielten größere Medienresonanz als Prêt-à-porter-Schauen. Galliano und McQueen gingen noch einen Schritt weiter als Versace und fingen an, umfangreiche Produktionen für ein großes Publikum zu machen, bei denen Konzept und Regie ebenso bedeutend, wenn nicht sogar wichtiger als die Schönheit der Entwürfe waren.[23] Die extreme Dramaturgie dieser Modenschauen wird von Caroline Evans als „Ablenkung von den eigentlichen, kommerziellen Hintergründen und Zielen" bezeichnet.[24]

Neue Technik

Der Designer Walter Van Beirendonck verwandelte den Laufsteg 1995 in eine virtuelle Welt der Interaktion von Models mit Computerbildern. Gut zehn Jahre später eröffnete das damalige Topmodel Kate Moss als „lebendes" Hologramm eine Show von Alexander McQueen. 2009 übertrugen Viktor & Rolf zum ersten Mal eine Modenschau online – mit einem einzigen Model; und Stefano Pilati präsentierte seine Herrenkollektion als Audiovision und projizierte während des Defilees einen kurzen Film auf drei große Leinwände. Die Designer begannen, ihre Präsentationen mithilfe der Streaming-Technologie live zu übertragen. Als Erste nutzten Burberry, Michael Kors und Isaac Mizrahi diese Technik. Alexander McQueen weckte im Herbst 2009 große Erwartungen mit der Live-Übertragung einer Modenschau. Er versprach seinen Fans, sie auf eine Reise mitzunehmen, die sie sich nie hätten träumen lassen.[25] In diesem Fall glückte der Versuch nicht ganz, da der Server überlastet war und ein Großteil des Internetpublikums das Ereignis nicht abrufen konnte. Dennoch hatte Mode damit eine neue Dimension erreicht.

Ausblick

Die aktuelle Wirtschaftskrise zwang viele große Labels dazu, ihre Investitionen zu begrenzen und wieder aussagekräftigere Modenschauen zu produzieren, die sich auf das Wesentliche beschränken. Exzentrische theatralische Vorführungen waren damit wieder besonderen Gelegenheiten vorbehalten. Christian Lacroix gehörte bis 2009 zu den Designern, die noch echte Haute Couture machen. Er versuchte, sich von den Zwängen des Modekalenders zu befreien und weniger aufwendige Schauen zu produzieren.

Wie sich Modenschauen entwickeln werden, weiß niemand, aber das Internet wird bestimmt eine wichtige Rolle spielen. Die meisten Modeschöpfer werden dieses Medium nutzen, um ihre eleganten oder glamourösen Kollektionen zu präsentieren.

Thierry Dreyfus

Artdirector
www.thierry-dreyfus.com

Thierry Dreyfus besitzt große Erfahrung mit Modenschauen, er hat zunächst als Lichtgestalter und dann einige Jahre als Laufstegregisseur für Eyesight gearbeitet. So entstand eine Zusammenarbeit mit Hedi Slimane für Dior Homme. Gemeinsam konzipierten sie beeindruckende Präsentationen, bei denen Licht eine wichtige Rolle spielte. Der Künstler ist leidenschaftlich, perfektionistisch und geradlinig – mit seinen emotionalen und authentischen Shows weist er all jene in die Schranken, die nur an Marketing und Zahlen interessiert sind.

Welche Rolle spielt Licht bei einer Modenschau?

Licht bewirkt eine sehr starke Veränderung der Wirklichkeit. Tageslicht macht alles hell; die Beleuchtung entscheidet über die Atmosphäre eines Raums. Damit kann man Kollektionsteile hervorheben und eine gewisse Stimmung erzeugen. Mit Licht kann man zum Beispiel eine schwarz-weiß gehaltene Kollektion sphärisch wirken lassen. Helmut Lang hat immer mit einem bestimmten Licht gearbeitet, mit Tageslicht, das

ich bis zu zwanzig Stunden pro Tag. Ich finde es wichtig, mit Designern zu arbeiten, die eine Persönlichkeit haben. Ich verschwende meine Zeit nicht mit Leuten, die sich nur für Marketing interessieren. Designer wie Hedi Slimane, Helmut Lang oder Consuelo Castiglioni haben ihren eigenen Stil. Für Helmut Lang zum Beispiel ist das Persönliche sehr wichtig, das entspricht auch dem Konzept seines Labels. 1993 ging es nicht so sehr um Marketing, aber

Modenschau zum 40. Jubiläum von Yves Saint Laurent 2002 im Centre Pompidou, Paris.

„Die jungen Leute möchten unbedingt berühmt werden. Wichtig ist aber nur, dass sie etwas tun, dass sie sich ausdrücken. Berühmtheit sollten sie sich aus dem Kopf schlagen.“

wurde sein Markenzeichen. Man muss berücksichtigen, wie die Fotos später aussehen werden, aus welchem Winkel sie aufgenommen werden usw.

Was mögen Sie am liebsten bei einer Modenschau-Produktion?

Ich bin ein Arbeitstier. Wenn es mich packt, dann arbeite

heute sind alle damit beschäftigt, eine große Show zu veranstalten, das interessiert mich überhaupt nicht.

Wie arbeiten Sie mit Designern?

Ich spreche gerne direkt mit dem Designer. Ohne jemanden dazwischen. Wir tauschen vor allem Bilder aus. Architektur,

Malerei, Fotos usw., damit wir Beleuchtung und Ästhetik der Schau genau festlegen können.

Was ist Ihr Hauptanliegen als Artdirector?
Meine Arbeit besteht darin, ein bis ins Kleinste ausgearbeitetes Konzept passend zur Philosophie des Labels zu entwerfen. Wenn jemand dann nur von der umwerfenden Musik oder Beleuchtung spricht, haben wir etwas falsch gemacht. Das Leitmotiv muss klar und deutlich zu erkennen sein. Ich weiß noch, wie Jean Paul Gaultier bei seiner Tattoo-Show sagte: „Marokko in den Sechzigerjahren – so eine Atmosphäre möchte ich." Das war nicht einfach, aber wir haben es geschafft.

Woher nehmen Sie Ihre Ideen?
Ich habe viele Inspirationsquellen. Ich gehe gern in Museen mit Gemälden aus dem 18. Jahrhundert. Goya begeistert mich und griechische Statuen.

Gibt es für Sie eine besonders herausragende Modenschau?
Ich erinnere mich an eine Show mit Martine Sitbon. Das Set war

eine Art Waldszene. Als Stoff wurde Samt verwendet, und alles hatte seine Bedeutung und war schlüssig.

Hat sich viel verändert in den 20 Jahren, in denen Sie mit Mode zu tun haben?
Zeitungen und Magazine haben viel mehr Macht als früher. Models sind nicht mehr, was sie einmal waren. Damals zeigten sie auf dem Laufsteg ihre Persönlichkeit. Heute beschäftigen sich alle nur mehr mit Marketing. 1993 machte das Marketing vielleicht 25 Prozent einer Kollektion aus, heute sind es 95 Prozent.

Was kann man dagegen tun? Was würden Sie Newcomern raten?
Wir müssen wieder Gefühle erzeugen, Momente schaffen, die unvergesslich bleiben. Die jungen Leute möchten unbedingt berühmt werden. Wichtig ist aber nur, dass sie etwas tun, dass sie sich ausdrücken. Berühmtheit sollten sie sich aus dem Kopf schlagen.

Modewochen

Und wo veranstalten Sie Ihre Modenschau? New York, London, Mailand
und Paris sind die großen Namen der
Modewochen. Diese Städte sind der
Schauplatz der glamourösesten, teu-
ersten und exklusivsten Modenschau-
en, aber auch der unkonventionellsten,
frischesten und innovativsten Events.
Das jeweils eigene Flair und die mehr
oder weniger aufwendigen Schauen ziehen Journalisten an, die durch ihre Bei-
träge in Modemagazinen wiederum das
Image pflegen und fördern. Dieses besondere Image ist kein Zufall, und viele
Designer wissen, dass sie sich mit ihren
Träumen und Kleidern im Gepäck in
diese Städte aufmachen müssen.

© Fotografie von Clive Booth, 2009.

Der Modekalender

Designer beginnen mit der Erstellung einer Kollektion etwa sechs Monate vor einer öffentlichen Modenschau bzw. ein Jahr, bevor die Kreationen in die Läden kommen. Paris, New York, London und Mailand sprechen ihre Termine ab, damit die Einkäufer ihre Geschäfte für die nächste Saison ausstatten können und die Presse von den Events berichten kann.[1] Die Vertriebsplanung ist entscheidend für den Erfolg eines Produkts. Nach der Präsentation einer Kollektion lässt sich der Vertrieb meist erfolgreicher gestalten. Der Designer steht jedoch unter großem Zeitdruck und muss sich den komplexen wirtschaftlichen Zusammenhängen unterwerfen, wenn er dem Modekalender folgt.

Im Februar und März werden die Herbst/Winter-Kollektionen vorgestellt sowie im September und Oktober die Frühjahr/Sommer-Kollektionen. Die Herrenmodenschauen finden etwa einen Monat vorher statt, und die Haute-Couture-Schauen haben ihren eigenen Platz im Kalender. Die Modestädte passen den Kalender jede Saison neu an, es gibt also keine feststehenden wiederkehrenden Zeiten, damit Einkäufer und Reporter gegebenenfalls alle Termine wahrnehmen können.

Bis vor Kurzem gab es traditionell zwei Saisons (Frühjahr/Sommer und Herbst/Winter), um die Ware der Jahreszeit entsprechend auf den Markt zu bringen und die Lagerbestände beeinflussen zu können.[2] In den letzten Jahren ist der Übergang von einer zur nächsten Saison fließend geworden, da neue Daten für die Präsentation von Vor- und Kapselkollektionen in den Modekalender eingefügt wurden. Kapselkollektionen sind von Jahreszeiten unabhängig. Sie folgen vielmehr einem bestimmten Marketing- und Designkonzept und bestehen aus sechs bis zehn

LINKS Der Illustrator Gi Myao hält Eindrücke der Pariser Modewoche auf Papier fest. Hier eine Szene von der Präsentation der John-Galliano-Frühjahr/Sommer-Kollektion 2008 für Christian Dior. OBEN Die Models stellen sich für die Frühjahr/Sommer-Schau 2008 von Josh Goot in New York auf. © Fotografie von Sonny Vandevelde.

Die Präsentation der Herbst/Winter-Kollektionen[1]

···

Januar
Prêt-à-porter-Schauen Herren,
Haute-Couture-Schauen,
Vorkollektionen

Hong Kong Fashion Week,
Milano Moda Uomo,
Mode Masculine Paris,
Haute Couture Paris,
Mercedes-Benz Fashion Week
Berlin

Februar
Prêt-à-porter-Damenmode-
wochen (New York, London,
Mailand, Paris)

Fotoaufnahmen für das Herbst/
Winter-Marketing,
Fotoaufnahmen für das Herbst/
Winter-Lookbook

Copenhagen Fashion Week,
Mercedes-Benz Fashion Week
New York,
London Fashion Week,
Cibeles Madrid Fashion Week,
Buenos Aires Fashion Week,
Milano Moda Donna

März
Prêt-à-porter-Damenmode-
wochen (New York, London,
Mailand, Paris)

Fotoaufnahmen für das Herbst/
Winter-Marketing,
Fotoaufnahmen für das Herbst/
Winter-Lookbook,
Pressemodenschauen Herbst/
Winter-Kollektionen,
Lookbook-Veröffentlichung

April
Pressemodenschauen Herbst/
Winter-Kollektionen

Mai
Cruise-Kollektionen,
Filmfestival Cannes

Die Präsentation der Frühjahr/Sommer-Kollektionen

Juni
Vorkollektionen,
Milano Moda Uomo,
Mode Masculine Paris

Juli
Vorbereitung der Pressemitteilungen für Weihnachten

Prêt-à-porter-Schauen Herren
Haute-Couture-Schauen

Mercedes-Benz Fashion Week
Berlin,
Hong Kong Fashion Week

August
Copenhagen Fashion Week

September
Prêt-à-porter Damenmode-
wochen (New York, London,
Mailand, Paris)

Fotoaufnahmen für das
Frühjahr/Sommer-Marketing,
Lookbook-Veröffentlichung

Mercedes-Benz Fashion Week
New York,
London Fashion Week,
Cibeles Madrid Fashion Week,
Buenos Aires Fashion Week,
Milano Moda Donna

Oktober
Prêt-à-porter-Damenmode-
wochen (New York, London,
Mailand, Paris)

Pressemodenschauen Frühjahr/
Sommer-Kollektionen

November
Pressemodenschauen Frühjahr/
Sommer-Kollektionen,
Vorbereitung der Pressemit-
teilungen für Ostern

Modeteilen, die in unterschiedlichen Kombinationen etwa 20 verschiedene Outfits ergeben. Eine Vorkollektion dagegen wird gewissermaßen als Hors d'œuvre vor den eigentlichen Frühjahr/Sommer- und Herbst/Winter-Kollektionen präsentiert. Ihr Vorbild sind die traditionellen Cruise-Kollektionen: Diese bieten als Frühjahr/Sommer-Vorkollektionen passende Outfits für die High Society, die mitten im Winter in exotische Länder reist. Inzwischen zeigen einige Designer auch Vorkollektionen für die Herbst/Winter-Saison. Früher wurde in der Regel während der Modewochen geordert, heute verkaufen Designer bereits 70 Prozent ihrer Kreationen während der Präsentation ihrer Vorkollektion. Diese ist meist eine vereinfachte und für den Verkauf besser geeignete Version der eigentlichen Kollektion, die einige Wochen später auf dem Laufsteg zu sehen sein wird. Die Vorkollektionsschau findet üblicherweise im Showroom statt und ist Einkäufern und wenigen Medienvertretern vorbehalten.[4] Diese Art der Modepräsentation macht es Einkäufern leichter und beschleunigt die Warenrotation in den Geschäften.

Die Verbraucher sind durch neue technische Möglichkeiten immer besser informiert und erzeugen unabhängig vom Rhythmus der Modenschauen das ganze Jahr eine ständige Nachfrage nach Neuem. Sechs Monate zu warten erscheint wie eine Ewigkeit, sodass die Gelegenheit, Kleidungsstücke erwerben zu können, die erst einige Wochen später auf dem Laufsteg präsentiert werden, höchst attraktiv erscheint. Auch die Jahreszeiten sind nicht mehr klar voneinander abgegrenzt. Es ist nicht mehr ungewöhnlich, im Winter ein leichtes Sommerkleid über warmen Strumpfhosen zu tragen. Außerdem wird Mode globaler. Alle diese Faktoren tragen dazu bei, dass der Modekalender flexibel bleibt und ständig aktualisiert wird.

Der Markt verlangt nicht mehr zwei, sondern inzwischen mindestens vier Modesaisons. Aus diesem Grund produzieren viele Firmen regelmäßig sechs Kollektionen. Unternehmen wie Zara und H&M versorgen ihre Läden über ihr Produktionssystem alle zwei Wochen mit neuer Ware.

Auch Modemagazine reservieren inzwischen Platz für Artikel über Vorkollektionen. Der Designer Peter Jensen präsentierte seine erste Cruise-Kollektion 2009 und machte damit so gute Erfahrungen („Es hat sehr viel Spaß

gemacht, mit meinen Gästen Tee zu trinken und sie meine Marke und meine Kleider hautnah er-leben zu lassen."[5]), dass er seine Show für Frühjahr/Sommer 2010 viel einfacher gestaltete.

Doch nicht alle möchten sich dieser rasanten Saisonabfolge an-passen: Manche Designer pro-duzieren lieber nach ihrem eigenen Rhythmus, weil sie sich nicht mehr dem Druck der kur-zen Produktionsphasen beugen möchten, dem nur große Firmen mit einer leistungsstarken Logis-tik standhalten können.

Die vier Modemetropolen

Vier Städte, deren Schauen und Designer international Furore machen, bilden die großen Mo-demetropolen. Sie finden starke Beachtung in der Presse, und die Kollektionen tauchen weltweit in den Schaufenstern auf. Als die großen vier gelten New York, London, Paris und Mailand mit einem jeweils eigenen Schwer-punkt. Das Image der Exklusi-vität und die Führungsrolle in Bereich Mode haben diese vier Städte auch der Presse zu ver-danken. Dabei spielte die Mode-zeitschrift *Vogue* eine besondere Rolle. Die amerikanische Re-daktion der *Vogue* wurde 1892 ge-gründet und berichtet seit 1909 ausschließlich über Mode. 1916 und 1920 wurden in London und Paris Redaktionen eröffnet, und erst nach dem Zweiten Weltkrieg erschienen auch in anderen Län-dern und Kontinenten Ausgaben des Modemagazins, beispielswei-se in Italien oder in Australien.

Die *Vogue* berichtete vor allem über das Modegeschehen in Paris, London, New York und

Mailand und wurde damit bald ein wichtiges Presseorgan für den Zeitgeist. Die Welt der *Vogue* beschränkte sich jedoch im Grunde auf diese vier Modestädte, und die Zeitschrift berichtet erst in jüngerer Zeit auch über Mode-Events an anderen Schauplätzen. Designer präsentieren sich gern in der Stadt, in der sie arbeiten. Viele möchten jedoch aus strategischen Gründen, und um sich neue Märkte zu erschließen, auch in einer der vier großen Metropolen auftreten.[6]

Paris, die Hauptstadt

„Du kannst in London als Genie gelten, aber wenn du wirklich international anerkannt sein willst, musst du in Paris eine Modenschau machen. Das ist von Worth bis McQueen schon immer so gewesen."[7] So sieht der Geschäfts-führer der Fédération Française de la Couture, Didier Grumbach, die Bedeutung von Paris als Modehauptstadt.

Doch es ist kein Zufall, dass Paris dieses Image besitzt. Die Stadt hat eine lange Modetradition und bietet den Raum und die Infrastruktur, die ein Modeschöpfer benötigt, um seine Karriere aufzubauen. Aus diesem Grund haben viele Designer dort ihr Atelier und ihre Showrooms. Die Modenschauen in Paris werden von der bereits erwähnten Fédération Française de la Couture organisiert, die 1973 gegründet wurde. Dieser Modeverband engagiert sich für die Ausbildung von Designern, für die Repräsentation französischer Mode weltweit, für die Schaffung von Synergien innerhalb der Branche und für den Schutz des geistigen Eigentums. Der Verband verfügt über drei Bereiche (Haute Couture, Prêt-à-porter Damen und Prêt-à-porter Herren), er legt die Modenschautermine fest, weist die Locations zu und wählt die Reporter aus.

In den Siebzigerjahren entschied die Fédération Française de la Couture darüber, welche Modeschöpfer Schauen an zentralen Orten zeigen durften, damit Publikum und Presse sich leichter einen Überblick über die Kreationen verschaffen konnten.

Wer in Paris eine Modenschau veranstalten will, muss Verbandsmitglied sein. Die Mitgliedschaft wird nach der Bewertung der Geschäftszahlen eines Labels erteilt: Beurteilt werden Verkaufszahlen, Leistungsfähigkeit und internationale Verbreitung. Bewerber müssen ein Antragsformular

LINKS Haute-Couture-Schau der Frühjahr/Sommer-Kollektion Armani Privé 2009. © Fotografie von David Ramos.
RECHTS Prêt-à-porter-Schau der Frühjahr/Sommer-Kollektion 2006 von Martin Margiela. Paris, die Modemetropole par excellence, bringt Tradition und Moderne hervor. © Fotografie von Giovanni Giannoni mit freundlicher Genehmigung des Maison Martin Margiela.

anfordern, ausfüllen und zusammen mit einem Pressealbum beim Verband einreichen.

Ein Sponsor oder Mäzen kann entscheidende Bedeutung dabei haben, ob die Kandidatur dem Auswahlgremium vorgelegt wird und eine Aufnahme in den erlauchten Kreis der Designer bewilligt wird.[8] Im Modekalender hat Paris eindeutig eine Vorrangstellung. Es ist die einzige Stadt, in der die traditionellsten und extravagantesten, die alternativsten und innovativsten Entwürfe präsentiert werden, wo Mode als kreatives und expressives Element besonders gewürdigt wird.

Dieser Kultstatus wird durch den erschwerten Zugang zu den Schauen, die exklusive Gästeliste und die außerordentliche Professionalität der Präsentationen noch verstärkt.

Londoner Designer wie Vivienne Westwood, Alexander McQueen, John Galliano und Hussein Chalayan waren immer darauf bedacht, ihre Kollektionen in Paris zu zeigen, weil sie dort ihrer Kreativität freien Lauf lassen und gute Geschäfte machen konnten.

Mailand, die Tradition

Die Modedozentin Pamela Church Gibson ist der Meinung, dass der italienische Stil durch den Mythos geprägt wurde, den die Medien, Hollywood und die italienische Hauptstadt Rom geschaffen haben.

Die italienische Modebranche hat jedoch einen ganz anderen Schwerpunkt als Paris oder London. Ihre Stärke liegt weniger in der Haute Couture, sondern in hochwertiger Prêt-à-porter-Mode. Die meisten italienischen Unternehmen verlagerten ihren Standort während der Achtzigerjahre von Florenz nach Mailand. Gleichzeitig wählte eine neue Generation von Designern, die ihre Karriere in Norditalien begonnen hatten, ebenfalls Mailand als Stammsitz.[9]

Der italienische Modeverband Camera Nazionale della Moda Italiana wurde 1958 gegründet, um sich für die Belange seiner Mitglieder einzusetzen. Er veranstaltet die Modewochen Milano Moda Uomo und Milano Moda Donna, bei denen schon einige der spektakulärsten und aufwendigsten Schauen in der Geschichte der Mode stattgefunden haben. Das Markenzeichen Made in Italy ist für Labels wie Armani, Prada, Marni, Versace, Gucci, Etro und Moschino bis heute die Garantie für Erfolg. Die Modenschauen erfreuen sich bei Händlern größter Beliebtheit, weil sie für Tradition, Luxus und Qualität stehen. Anstatt mit den Pariser Kreationen zu konkurrieren, wurde im Jahr 2000 mit der Fédération Française de la Couture ein Vertrag über gemeinsame Exportpolitik in Länder außerhalb der Europäischen Union geschlossen. Mit mehr als 230 Modenschauen pro Saison, mit 2.500 akkreditierten Journalisten und 15.000 Einkäufern setzt Mailand vor allem im Bereich Herrenmode einen wichtigen Maßstab.

London, eine frische Brise

Die vom British Fashion Council veranstaltete Londoner

Modewoche ist zur Anlaufstelle für die jüngsten, mutigsten und unkonventionellsten Designer geworden. Die Modeschöpferin Mary Quant zeigte, wie sehr sich die neuesten Trends in London von denen in Paris unterscheiden konnten. Als Kontrapunkt zum wohlproportionierten französischen Mannequin machten Quant und ihr Atelier in Chelsea Furore mit einem jungen, dünnen, selbstbewussten Frauentyp, der in der Großstadt und in ganz unterschiedlichen Looks zu Hause ist.[10] Vivienne Westwood führte die Tradition des Unüblichen mit gewagten Präsentationen fort. 25 Jahre später wirkt die britische Hauptstadt weiterhin wie eine frische Brise in der Szene und baut die eigene Stellung innerhalb der großen Modezentren kontinuierlich aus.

Die Kreativität der London Fashion Week kommt nicht von ungefähr, sondern beruht auf der starken Förderung, die Jungdesigner dort von Anfang an erfahren, sowie auf der Vernetzung mit den Modeschulen. Die 1993 gegründete Stiftung NewGen unterstützte bereits Designer wie Alexander McQueen, Boudicca und Matthew Williamson, und die Initiative Fashion Forward fördert junge Talente mit einem Wettbewerb und Preisgeldern.

Jedoch wird das Potenzial der britischen Hauptstadt, neue Mode und neue Talente hervorzubringen, nach Meinung von Experten durch einen wichtigen Aspekt eingeschränkt: London ist nicht in der Lage, den Jungdesignern eine stabile Branchenstruktur zum Aufbau ihres Labels und für den harten Existenzkampf zu bieten. Aus diesem Grund haben viele der beliebtesten Designer ihr Atelier nach Paris verlagert.

New York, ein eigener Stil

In New York wird die Modewoche von einem Autohersteller gesponsert und von der Produktionsfirma IMG durchgeführt, die auf große Medienevents spezialisiert ist. Die erste Modewoche in der Geschichte wurde ursprünglich unter dem Namen Press Week veranstaltet. Sie wurde 1943 ins Leben gerufen, um während des Zweiten Weltkriegs die Aufmerksamkeit von der französischen Mode abzulenken. In der Zeit konnten Journalisten, Händler und Fachleute nicht nach Paris reisen. Auch sollten Zeitschriften wie *Vogue* und *Harper's Bazaar* an amerikanische Designer herangeführt werden.[11] Später übernahmen London und Mailand dieses neuartige System zur Präsentation von Modekollektionen. Die New York Fashion Week zeigt ausschließlich Prêt-à-porter-Kollektionen. Mit ihrer Chefredakteurin Anna Wintour hat die amerikanische Ausgabe der *Vogue* in den letzten Jahren weltweit an Bedeutung gewonnen und im europäischen Markt, der sich bisher eher auf die eigenen Modenschauen konzentrierte, Interesse an New York geweckt.

Die speziell für die London Fashion Week gegründete Zeitung *The LFW Daily* veröffentlicht Backstage-Informationen zur Modewoche. Realisation: Jenny & the Cat Ltd, Herausgeber: Rubbish Ink Ltd. für das British Fashion Council.

Die amerikanischen Modeschöpfer werden vom Council of Fashion Designers of America (CFDA) vertreten, einem gemeinnützigen Verein mit etwa 250 Mitgliedern, der 1962 von Designern gegründet wurde. Für die Mitgliedschaft sind mindestens drei Jahre Berufserfahrung nötig. Gemeinsam mit *Vogue* richtet die Institution Wettbewerbe aus und unterstützt junge Unternehmen und besonders Erfolg versprechende Designer.

Weitere Modestädte

In den letzten Jahren haben es Städte wie Berlin, Kopenhagen,

Wien, Rio de Janeiro, Antwerpen und Sydney geschafft – auch aufgrund neuer technischer Möglichkeiten und Medien –, sich hinter den vier Modemetropolen einzureihen. Sie zeigen, dass es außerhalb der geschlossenen Zirkel und Traditionen noch andere interessante Ideen gibt.

Die Gründe sind vielfältig, viele Einkäufer suchen einfach nach Alternativen, um neben den exklusiven Produkten ihre Palette auch durch ein preiswerteres Sortiment zu ergänzen. Der Siegeszug des Internets hat dazu beigetragen, dass verstärkt Informationen über Stil und Kleidung außerhalb der traditionellen Modestädte nachgefragt werden.

In dieser Hinsicht ist Antwerpen ein besonders interessantes Beispiel, das eine nähere Betrachtung lohnt. Diese Stadt hat Designer wie Ann Demeulemeester, Martin Margiela, Dries Van Noten, Walter Van Beirendonck und Dirk Bikkembergs hervorgebracht. Einige von ihnen machten als Gruppe Antwerp Six die Stadt mit innovativen Entwürfen in der Modewelt bekannt. Sie inspirierte eine neue Generation talentierter Designer wie Bruno Pieters, Bernhard Willhelm, Olivier Theyskens und Véronique Branquinho, die jetzt in Antwerpen und Paris ihre Ideen verwirklichen. Daran haben auch La Chambre, die Hochschule für visuelle Künste in Brüssel, und die Royal Academy of Fine Arts in Antwerpen ihren Anteil.

Die neu gegründete Berlin Fashion Week wurde von der Modekritikerin Suzy Menkes begeistert betitelt: „Berlin Fashion Week Shows a Raw Energy" (Berlin zeigt urwüchsige Energie). Zum Medieninteresse an den neuen Modewochen in Berlin und Kopenhagen hat beigetragen, dass sie von den gleichen Sponsoren und Produktionsfirmen wie die Modewoche in New York unterstützt werden.

Unabhängig vom Modekalender
Newcomer und aufstrebende Designer präsentieren ihre Kollektionen normalerweise außerhalb des offiziellen Modekalenders bei sogenannten Off-Schedule-Schauen, die meist weniger kostenaufwendig gestaltet sind. Auch einige bereits bekannte Designer bevorzugen ein unabhängigeres und individuelleres Umfeld.

Eine Off-Schedule-Präsentation bietet die völlige Freiheit in der Wahl von Location und Termin. Datum und Uhrzeit können individuell bestimmt werden. Allerdings ist es schwieriger, die Aufmerksamkeit der Medien und Händler auf sich zu lenken. Es ist wichtig, den Termin gut zu planen, damit er nicht mit anderen bedeutenden Events konkurriert.

Diplom-Modenschauen
Für viele Modeakademien gehört eine Modenschau unbedingt zur Ausbildung dazu. Sie stellt einen wichtigen Abschluss und einen Höhepunkt des Studiums dar. In den letzten Jahren haben die Präsentationen des Londoner Saint Martins College oder der Royal Academy of Fine Arts in Antwerpen ein gutes Medienecho erzielt. Neue Talente sind gefragt, und für einige Designer bedeutete die Diplom-Modenschau den Anfang ihrer Karriere. Seit vier Jahren berichtet die Website *style.com* über die Diplom-Modenschauen des Saint Martins College in gleicher Weise wie über Schauen etablierter Designer und stellt exklusiv junge Modetalente vor.

1984 hatte John Galliano mit der Kollektion Les Incroyables sein Debüt bei der Absolventen-Modenschau dieser Hochschule und erzielte große Begeisterung bei der Presse. Joan Burstein, Eigentümerin der Londoner Modekette Browns, erinnert sich: „Den Moment werde ich nie vergessen. Er war das bestgehütete Geheimnis von Saint Martins."[12] Burstein war hellauf begeistert, orderte die gesamte Kollektion und präsentierte sie sofort im Schaufenster.

London veranstaltet seit 1991 eine Diplom-Modewoche, die Graduate Fashion Week. Dort werden die landesweit besten Abschlussarbeiten von Modestudenten gezeigt, eine gute Gelegenheit für alle, die nicht in London studiert haben.

Auch wenn in vielen Städten Modenschauen und ähnliche Initiativen organisiert werden – in London laufen die Fäden der Modeschulen, Medien und Fachleute zusammen.

In ihrem Buch *Modedesign*[13] gibt
die Modejournalistin und Do-
zentin Sue Jenkyn Jones den
Absolventen Ratschläge für ihre
Diplom-Modenschau: Das Konzept sollte möglichst einfach
sein. Man muss eine Vorstellung
von der gewünschten Wirkung
haben: Sollen die Models hintereinander auftreten, zwei und
zwei oder als Gruppe? Sollen
sie schnell oder langsam gehen?
Sollen sie etwas ausziehen oder
am Ende des Laufstegs eine Pose
einnehmen? Besondere Einla-
gen sind gut, erzielen jedoch nur
dann den gewünschten Effekt,
wenn sie durchdacht sind und der
Ablauf sehr genau geplant ist.

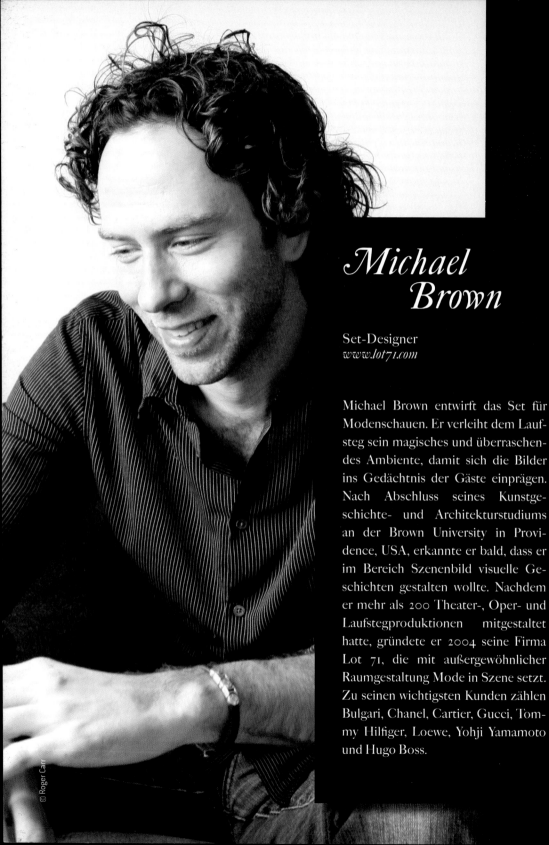

Michael Brown

Set-Designer
www.lot71.com

Michael Brown entwirft das Set für Modenschauen. Er verleiht dem Laufsteg sein magisches und überraschendes Ambiente, damit sich die Bilder ins Gedächtnis der Gäste einprägen. Nach Abschluss seines Kunstgeschichte- und Architekturstudiums an der Brown University in Providence, USA, erkannte er bald, dass er im Bereich Szenenbild visuelle Geschichten gestalten wollte. Nachdem er mehr als 200 Theater-, Oper- und Laufstegproduktionen mitgestaltet hatte, gründete er 2004 seine Firma Lot 71, die mit außergewöhnlicher Raumgestaltung Mode in Szene setzt. Zu seinen wichtigsten Kunden zählen Bulgari, Chanel, Cartier, Gucci, Tommy Hilfiger, Loewe, Yohji Yamamoto und Hugo Boss.

Was verstehen Sie unter einer *Modenschau?*
Eine Modenschau ist wie das Betrachten eines Musikvideos, es ist ein flüchtiger Moment: In zehn bis fünfzehn Minuten zeigt sich die Kollektion der Saison in ungetrübter Eleganz und Schönheit mit ihrem ganzen Charme. Sie wird begleitet von Bildern, Musik und Beleuchtung, dies ähnelt einem Rock-Konzert. Die Modenschau wird für die Fotos und Lookbooks inszeniert. Sie soll die Identität des Labels und die Vision des Designers und seiner Kollektion vermitteln.

Wie wird eine Modenschau zu einem unvergesslichen Moment?
Die Wahl des Raums hat einen enormen Einfluss auf das Erlebnis, das man gestaltet. In letzter Zeit haben wir versucht, die Kollektion in einem kurzen, intensiven Moment so hervorzuheben, dass sie eine audiovisuelle Geschichte erzählt, die erfahrbar wird. Aufbau, Dekoration, Beleuchtung, Musik, Szenenbild und Choreografie bilden in ihrer jeweiligen Gestaltung den visuellen Kontext der Kollektion.

Welche fünf Hauptfaktoren sind entscheidend für den Erfolg einer Modenschau?
Einer der wichtigsten Faktoren ist die Location. Es ist auch wichtig, wie die Models auf die Bühne kommen und wie die Kulisse gestaltet ist. Das Set muss eine Kollektion betonen und aufwerten, ihren Charakter zur Entfaltung bringen.

Was gehört zu Ihrer Arbeit als Set-Designer?
Die Arbeit als Set-Designer für die Modebranche ist sehr kreativ. Normalerweise kommt ein Label oder eine Produktions-

> *„Das Set muss eine Kollektion betonen und aufwerten, ihren Charakter zur Entfaltung bringen."*

firma auf mich zu. Ich muss die Atmosphäre und den Rahmen für die Produktionen schaffen. Zuerst spreche ich mit dem Kunden, sammle Informationen über die Kollektion und lege die kreativen Leitlinien fest. Dann erarbeite ich mir mit visuellen Elementen das Set-Design, das am besten zu dem Projekt passt. Wenn ich mit dem Kunden die visuelle Sprache, den Ausdruck und Stil der Show festgelegt habe, entwickle ich die Storyboards. Anhand dieser ersten Entwürfe erstelle ich in Zusammenarbeit mit dem Kunden, der Produktionsfirma und anderen Kreativen die endgültigen Zeichnungen. Als Nächstes müssen der gesamte Konstruktionsablauf, die Materialien und Ausführungen für jedes Element beschrieben werden. Wenn die Zeichnungen dann umgesetzt werden, bin ich beim gesamten Aufbau der Installation dabei, damit die Ausstattung so gebaut und gestaltet wird, wie es gedacht ist.

Wie läuft der kreative Prozess ab?
Es hängt von dem Label und der Kollektion ab, wie ich mich inspirieren lasse. Erst einmal schaue ich mir Dinge an und analysiere sie: Fotos, Skulpturen, Gebäude. Einige meiner Kunden können den Charakter ihrer Kollektion genau beschreiben. Andere zeigen mir einfach einige Modeskizzen und Kollektionsteile. Ich sehe den kreativen Prozess als partnerschaftliche Arbeit mit dem Kunden: Wir arbeiten als Team an einer visuellen Story, an einem Erlebnis mit Kleidern. Ich lasse mich auch von der Kollektion selbst, vom Desig-

ner und von der Location inspirieren, in der die Modenschau stattfinden soll.

Was ist das Wichtigste bei der Gestaltung des Sets?
Der Fotograf muss gute Bilder von der Kollektion machen können. Das ist wichtig; und das Szenenbild muss dem Publikum die Identität der Kollektion verständlich machen. Das sind die beiden wichtigsten Elemente bei der Gestaltung des Sets. Ein dritter wichtiger Faktor: Man sollte zu Beginn

der Show, wenn die Models auf den Laufsteg kommen, sowie zum Schluss eine positive Atmosphäre und ein Überraschungsmoment schaffen. Ich versuche, mit einem raffinierten Szenenbild eine Geschichte über die Kollektion zu erzählen und den Funken auf das Publikum überspringen zu lassen.

Wie viel etwa kostet ein Set für eine Modenschau?
Bei großen Schauen bewegt man sich zwischen 100.000 und 300.000 Dollar. Wegen der

Wirtschaftskrise werden zurzeit nicht so spektakuläre Modenschauen produziert, zurzeit arbeite ich mit Budgets von 5.000 bis 100.000 Dollar.

Gibt es Designer, mit denen Sie noch nicht gearbeitet haben und für die Sie gern eine Produktion machen möchten?

Für eine Marc Jacobs-Show würde ich gern das Set entwerfen. Er macht aufwendige, überwältigende und provokative Präsentationen – ich mag seinen Style. Ich würde gern mehr Projekte außerhalb der USA übernehmen, insbesondere in Paris und Mailand, weil das Szenenbild dort meist besonders kreativ und theatralisch sein soll.

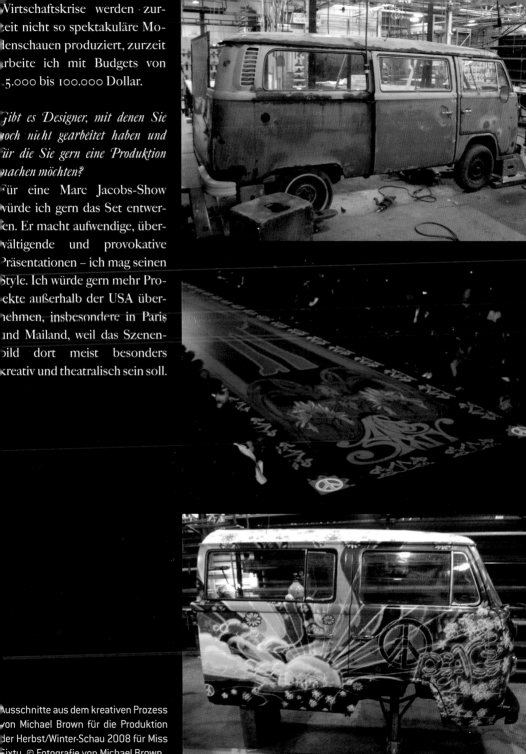

Die Gestaltung

Eine Kollektion kommunizieren: Vom überbordenden barocken Stil bis zum Minimalismus gibt es unzählige Möglichkeiten, eine Produktion zu gestalten und Bewegung zu inszenieren.

Wer sind wir? Was ist unsere Aussage, und an wen richten wir sie? Das sind die Fragen, die wir uns stellen müssen, damit wir bei der Kommunikation mit den potenziellen Kunden die richtige Sprache wählen. Als Erstes sollten wir uns diesen flüchtigen Moment vorstellen, diesen knappen Zeitraum von 15 Minuten, in dem die Outfits gezeigt werden: Die Location muss stimmen und die Art und Weise, wie wir die Aufmerksamkeit auf unsere Idee lenken.

Das Architekturbüro OMA wählte eine avantgardistische Location für die Präsentation der Prada-Herrenkollektion Frühjahr/Sommer 2010. Ein ausgewähltes Publikum durfte die Modenschau hautnah erleben, die Zaungäste spähten durch Fensterschlitze. An den Wänden prangten Aussagen von Filmschauspielern. © Fotografie von Marco Beck Peccoz mit freundlicher Genehmigung von OMA.

Die Form

Marta Camps hat in einer Abhandlung die Elemente von Modenschauen und die verschiedenen Präsentationsformen beschrieben.[1] Doch Modenschauen sind vom Zeitgeist abhängig und ständigen Veränderungen unterworfen. Deshalb soll hier eine Übersicht über die aktuellen Formen von Laufstegpräsentationen gegeben werden.

Pressemodenschau

Pressemodenschauen finden im Rahmen von Modewochen oder auch außerplanmäßig exklusiv für Pressevertreter statt. Diese Schauen sind speziell ausgelegt für die Moderedakteure in der ersten Reihe und für die Fotografen am Ende des Laufstegs. Insbesondere für die Fotografen ist es wichtig, an der richtigen Stelle stehen zu können, damit die Bilder später die Kollektion von der besten Seite zeigen. Diese Fotos werden häufig auf der Website,

im Lookbook oder in anderen Medien veröffentlicht, um Händlern wie Medienvertretern die gesamte Kollektion zu präsentieren. Auf eine solche Modenschau ist man sehr gespannt: Wird es Supermodels geben? Wer bekommt einen Platz in der ersten Reihe? Welche Musik wurde ausgewählt? Das sind die Fragen, die Medienleuten durch den Kopf gehen, wenn sie das Einladungsschreiben öffnen.

Beim Typus Pressemodenschau kann man zwischen Haute-Couture- und Prêt-à-porter-Präsentationen unterscheiden.

Haute-Couture-Modenschau

Haute-Couture-Modenschauen für die Presse finden nur in Paris statt. Traditionell wurden sie hinter verschlossenen Türen abgehalten. Doch seitdem der Pariser Modeverband Versace in die Haute Couture aufgenommen hat, um etwas Leben in die eher starre Branche zu bringen,

LINKS Die Produktionsfirma Villa Eugénie inszenierte sehr effektvoll eine Straßenszene für die Herbst/Winter-Modenschau 2009 des belgischen Designers Dries Van Noten. Die Farben, die der Modeschöpfer gewählt hatte, passten hervorragend zu den dezenten Grautönen des urbanen Sets. © Fotografie von Patrice Stable mit freundlicher Genehmigung von Dries Van Noten. OBEN Im Grand Palais in Paris findet eine der begehrtesten Laufstegpräsentationen der Saison statt: die Chanel-Schau. © Fotografie von Sonny Vandevelde.

wurde der Vorhang gelüftet und eingespielte Gepflogenheiten geändert: Haute-Couture-Kollektionen sind nicht mehr nur in Showrooms zu sehen, sondern auch in glamourösen Locations – sie werden ähnlich wie ein Konzert, ein Theaterstück oder eine Oper konzipiert. Das wichtigste Merkmal einer solchen Modenschau ist das hohe Budget von bis zu einer Million Euro.[2] Normalerweise wird die Investition ausgeglichen durch das große Presseecho, das solche Präsentationen erzielen. Die Kostendeckung erfolgt meist nicht direkt durch den Verkauf der Kollektion, sondern indirekt durch den Verkauf von Accessoires wie Parfums, Sonnenbrillen und Taschen, die für ein breiteres Publikum erschwinglich sind.[3] Bernard Arnault, Geschäftsführer des Luxuskonzerns LVMH, sieht in der Haute Couture den Schlüssel für den Erfolg der Marke Christian Dior. Der Designer John Gallia-

no hat bei der Gestaltung seiner Modenschauen für das Label freie Hand. Die Präsentationen dienen nicht nur dazu, Produkte vorzuführen, sondern sind auch ein Kommunikationsinstrument für den Dialog zwischen der Presse und dem Modehaus Dior.[4]

Prêt-à-porter-Modenschau

Die Prêt-à-porter-Schauen unterscheiden sich von den Haute-Couture-Schauen durch die Kollektionen, die gezeigt werden. Sie präsentieren Kleidungsstücke, die in der Konfektion industriell gefertigt werden und sechs Monate später in den gehobenen Modegeschäften erhältlich sind. Prêt-à-porter-Kollektionen sind erschwinglicher als Haute-Couture-Kollektionen, doch die Kosten für Modenschau und Werbung sowie die Verwendung hochwertiger Materialien und Produktionsprozesse schlagen sich meist auf die Verkaufspreise nieder. Deshalb findet man

auch diese Produkte häufig im Luxusbereich. Die meisten Einkäufer haben keinen Zugang zu den Modenschauen selbst, denn nur die großen Modegeschäfte erhalten exklusive Einladungen. Informationen über die Kollektionen finden sie daher auf den Internetseiten der Labels und in Modezeitschriften.[5]

Showroom-Modenschau

Showroom-Modenschauen sind dezenter gestaltet und auf ein kleineres Publikum, insbesondere Händler, ausgerichtet, die sich die Kollektionen genau ansehen und entscheiden möchten, welche Teile sie für die nächste Saison ordern. Solche Präsentationen können sich auch speziell an ausgewählte Medienvertreter richten. In den letzten Jahren bevorzugten die meisten Designer Pressemodenschauen. Seitdem jedoch Vorkollektionen immer beliebter werden, sind einige Labels dazu übergegangen,

kleinere Präsentationen in Showrooms zu veranstalten. Diese Schauen ähneln jenen, die früher in den privaten Verkaufsräumen der angesagtesten Designer stattfanden. Heute ist es für große Labels wichtig, exklusive Kunden und Händler mit einer besonderen Veranstaltung zu würdigen. Hedi Slimane, der durch seine Arbeit für Dior Homme der Herrenmode zum Aufschwung verholfen hat, berichtet in einem Interview für *Hintmag.com* von der exklusiven Präsentation, die er mit seiner ersten Kollektion für YSL veranstaltete: „Das waren einfach zwei Models in 20 Looks mit dem Set eines französischen Modesalons des 18. Jahrhunderts. Das Publikum war handverlesen: Suzy Menkes, Carine Roitfeld, Hamish Bowles, Jim Moore von *GQ Gentlemen's Quarterly* und Redakteure des *Figaro*. Das war richtig schick, das hatte Haute-Couture-Stil. Es war sehr vernünftig, nicht sofort eine große Show zu machen. Ich musste meinen Stil erst entwickeln und zeigen, in welche Richtung es gehen sollte."[6]

Celebrity-Modenschau

Celebrity-Modenschauen haben die Endkunden als Zielgruppe, die beim Blättern in Modezeitschriften oder beim Surfen im Internet etwas über Dior, Balmain, Lanvin, Hussein Chalayan oder sogar Martin Margiela finden. Schauspieler, Sänger, Adlige und Politiker werden selbst zu Models, da sie ihre Outfits in aller Öffentlichkeit zur Schau tragen. Sie präsentieren die neuesten Designerkollektionen auf dem roten Teppich oder beim Kaffeetrinken auf dem Sunset Boulevard. Diese Bilder verbreiten sich in Windeseile, und innerhalb weniger Stunden kann ein unbekannter Designer zum Tagesgespräch werden.

Audiovisuelle Modenschau

In den letzten Jahren wurden die Präsentationen der Kollektionen von vielen Designern durch audiovisuelle Effekte ergänzt oder aufgewertet. Diese neue technische Möglichkeit einzusetzen war vor einiger Zeit noch riskant. Inzwischen ist es eine kostensparende Alternative, die von den Medien positiv aufgenommen wird. Doch die ersten Versuche sind immer schwierig. In seinem Buch *Techno Fashion* berichtet Bradley Quinn von den Problemen, denen der Designer Julian Roberts gegenüberstand, als er Anfang 2002 seine Kollektion ausschließlich als audiovisuelle Präsentation vor-

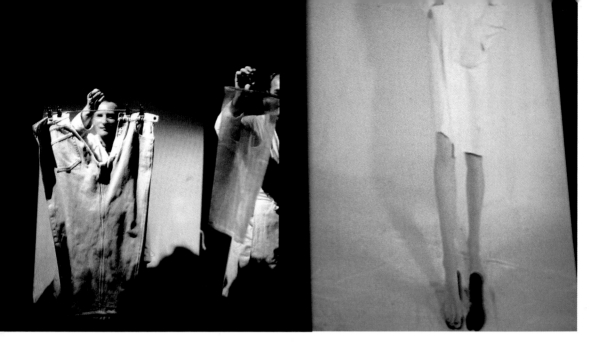

führen wollte. Julian Roberts ist mit audiovisueller Sprache vertraut und mit seinen Kollektionen regelmäßig während der Londoner Modewoche zu sehen. Er wollte etwas Neues probieren: „London steht für Innovation mit einem großen Spektrum interessanter Mode. Aber die Designer präsentieren ihre Kollektionen weiterhin so wie in Paris, New York und Mailand. Da fehlt etwas." Er drehte einen Film über seine neue Kollektion und wollte ihn während der Londoner Modewoche anstelle einer Modenschau vorführen. Das British Fashion Council erkannte die audiovisuelle Präsentation nicht als mögliche Form der Modenschau an, sodass er seine Kollektion beinahe nicht vorstellen konnte. Julian Roberts war der Meinung, dass die geringeren Kosten und die Vielseitigkeit dieser neuen Art der Präsentation zukunftsweisend sein würden.

Einige Jahre später traf ein etabliertes Label eine für die Modewelt bislang unvorstellbare Entscheidung: Stefano Pilati präsentierte seine YSL-Herrenkollektion mit einem Film des Produzenten Colonel Blimp. Videopräsentationen assoziierte man zu diesem Zeitpunkt mit alternativem Design, und die konventionellere Fachpresse stand dem eher ablehnend gegenüber. Inzwischen ist die audiovisuelle Modenschau zu einer anerkannten und für viele Unternehmen üblichen Form der Kollektionspräsentation geworden.

Virtuelle Modenschau

Virtuelle Modenschauen haben Endkunden, Medien und Ein-

OBEN Seit einigen Jahren werden bei den Präsentationen auch audiovisuelle Effekte eingesetzt. Im Bild die Frühjahr/ Sommer-Schau 1998 von Martin Margiela in Zusammenarbeit mit Comme des Garçons, bei der zu jedem der zehn Kollektionsteile ein einminütiges Video gezeigt und live kommentiert wurde. © Fotografie von Marina Faust mit freundlicher Genehmigung des Labels Maison Martin Margiela. RECHTS Mit dem Schauspieler Simon Woods in der Hauptrolle produzierte Colonel Blimp die audiovisuelle Show der Herrenkollektion Herbst/ Winter 2008 von Stefano Pilati für YSL. © Fotografie mit freundlicher Genehmigung von Colonel Blimp.

käufer im Visier, die zu Hause in ihrer eigenen Front Row sitzen. 1996 dachte sich der Designer Walter Van Beirendonck eine neuartige Alternative zur traditionellen Modenschau aus und verbreitete seine Kollektion auf einer interaktiven CD. Er machte den Laufsteg zu einem virtuellen Erlebnis mit Models in futuristischen Looks in einer Welt aus Computerbildern.[8] Damit wurde die CD zu einer üblichen Form der Modepräsentation. Im Februar 2008 gingen die Designer Viktor & Rolf einen Schritt weiter und präsentierten ihre erste virtuelle Modenschau im Internet. Die Online-Präsentation wurde als „Modenschau der Zukunft"[9] gehandelt, und die Initiatoren hofften, dass damit mehr Demokratie in die Branche einziehen würde. Das Model Shalom

Harlow führte insgesamt 14 Stunden lang 20 Outfits vor und wurde dabei von mehreren Kameras gefilmt. Das Ergebnis war ein siebenminütiges Video, das auf der Website der Modeschöpfer weltweit abrufbar war und die Kollektionsteile aus verschiedenen Perspektiven zeigte.
Am 6. Oktober 2009 veranstaltete Alexander McQueen zusammen mit dem Online-Magazin *Showstudio* eine Live-Übertragung seiner Pariser Modenschau auf einer eigens dafür eingerichteten Website, damit alle Fans zusehen konnten. Manche verabredeten sich sogar vorher über Twitter. Die Show erfüllte die hohen Erwartungen und hatte ein so großes Online-Publikum, dass die Server überlastet waren und letztendlich nur wenige die Präsentation mitverfolgen konnten.

Das Genre

Im Bereich der Modenschauen haben sich im Lauf der Jahre unabhängig von der Zielgruppe verschiedene Genres herauskristallisiert, mit denen sich Designer einen Namen machen und einen bestimmten Stil prägen. Die Medienwirksamkeit einiger Genres macht die Modenschauen zu Plattformen, auf denen einige Designer neben der Präsentation ihrer Kollektion auch Aussagen über ihre persönliche Sicht der Welt transportieren. Welches Genre gewählt wird, hängt von der Art der Kollektion ab, von dem jeweiligen Laufsteg, vom Budget und von der Zusammensetzung des Publikums. Je nach den Anforderungen sind die Genres bei den einzelnen Modenschauen mehr oder weniger deutlich ausgeprägt.

Die klassische Modenschau

Auf einem schlichten Laufsteg zeigen die Models im Licht der Scheinwerfer und zum Rhythmus der Musik 15 bis 20 Minuten lang die Entwürfe des Designers. Das wichtigste Ziel dabei ist es, die Kollektion ohne ablenkende Aussagen den Einkäufern klar und deutlich zu präsentieren.

Innerhalb dieses Genres gibt es Variationen in der Position des Laufstegs, im Format des Laufstegs (er kann zum Beispiel auch quadratisch, rund oder zweireihig sein), in der Wahl der Beleuchtung und der Art der Begleitmusik, die eine auf die Kollektion abgestimmte Atmosphäre schafft. Die Präsentation wird nach dem klassischen Ablauf gestaltet: Scheinwerfer flammen auf, Musik ertönt, und die Models betreten nacheinander den Laufsteg, bleiben am Ende stehen, posieren, damit die Modefotografen die Outfits genau festhalten können, gehen zurück und verschwinden schnell hinter dem Vorhang.

Wenn alle Outfits vorgeführt sind, werden Musik und Scheinwerfer wieder ausgeschaltet. Die normale Beleuchtung geht wieder an, und die Models treten hinter dem Designer noch einmal auf die Bühne und bedanken sich beim Publikum. Die während der Schau gezeigten Outfits entsprechen denen, die dem Händler im Showroom vorgelegt werden. Diese Art der klassischen Präsentation findet man bei Labels wie Calvin Klein, Donna Karan und Lacoste.

Die theatralische Modenschau

Mitte der Neunzigerjahre kamen in Paris und London wieder imposante Präsentationen in Mode, als „New Performance".[10] Die Designer erkannten die Werbewirksamkeit dieser großen Schauen bei Presse und Einkäufern.[11]

Mit einer Story und einer Ausstattung wie für eine Opernauf-
führung wurde die Produktion
zu einem Bühnenstück. Sie sollte vor allem beeindrucken und
fesseln. Die Modenschauen des
britischen Designers John Galliano etwa sind durch und durch
theatralisch. Die Faszination, die
von seinen ersten Shows ausging,
erlaubte es ihm, einen typischen
Stil zu prägen und immer mehr
Mittel aus dem Bühnenbereich
einzusetzen. So wurde beispielsweise die klassische Beleuchtung
durch eine theatralischere ersetzt
oder drei Tage vor der Performance für jedes Model eine mi-
nutiöse Choreografie festgelegt.
Models, die während des Abends
nur ein Outfit ohne Veränderungen trugen, wurden angewiesen,
sich nicht nur zu präsentieren,
sondern eine Rolle zu spielen.
Wenn hinter der Kollektion eine

Story oder ein Motto steht, kann
der Designer der Show eine Aussage geben, die sich mit dem
Auftreten des ersten Models bis
zum emotionalen Höhepunkt
im Finale verdichtet. Einleitung,
Hauptteil und Schluss einer solchen Fiktion werden bei der Produktion für eine Modenschau in
nur 20 Minuten wiedergegeben.
Gallianos Show Suzie Sphinx
erzählte die Geschichte eines
Mädchens, das sich für Filme
und das alte Ägypten begeistert
und nach Hollywood geht, um in
einem Film die Rolle der Kleopa-
tra zu spielen. Der Laufsteg wird
dabei zu einer Bühne, auf der die
Fantasiegeschichte in einer spektakulären Produktion aufgeführt
wird.[12] Bei dieser Art der Modenschau sind viele Kleidungsstücke
nur für diesen Event gedacht, und
die Kollektion in den Showrooms
und Boutiquen ist viel weniger

extravagant, dafür tragbarer.
Eines der aufregendsten Kleider
von Alexander McQueen mit
mehr als 2.000 kleinen Glas-
rechtecken erforderte über sechs
Wochen Herstellungszeit und
wurde gerade einmal zwei Minuten auf dem Laufsteg gezeigt;
nach der Show wurde es nur einmal von der Sängerin Björk bei
einem Konzert getragen.[13] So hat
das Kleid jedoch seinen Zweck
vollständig erfüllt: auf dem Laufsteg bei aufwendigen Produktionen fotografiert zu werden, zu
einem Markenzeichen für den
Designer zu werden, als Bild präsent zu bleiben, damit das Label
beim Betreten einer Boutique
sofort wieder ins Auge springt.

Die konzeptionelle Modenschau
Konzeptionelle Mode und Prä-
sentationen werden wie andere
Konzeptionskunst nicht durch

Formen oder Materialien bestimmt, sondern durch Ideen und Konzepte.[14] Mit dieser Art der Modenschau präsentiert, kommuniziert und provoziert der Modeschöpfer und lädt den Betrachter ein, über ein bestimmtes Thema nachzudenken. Der Designer Hussein Chalayan betrachtet seine Modenschauen als konzeptionelle Kunst. Claire Wilcox bezeichnete seine Präsentationen als „Kunst-Installationen".[15] Für Chalayan ist das Konzept ebenso wichtig wie die Outfits, und die Präsentation der Entwürfe gleicht als konzeptionelles Kunstwerk einer Inszenierung. Dabei gibt der Designer mit seinen Kreationen dem Publikum Denkanstöße zu Religion, zum Körperbewusstsein oder der Stellung der Frau in der Gesellschaft.[16] Hussein Chalayan

arbeitet zwar mit künstlerischer Sprache, schafft aber keine bildende Kunst im herkömmlichen Sinn und genießt auch nicht deren Freiheit. Bei einer seiner ersten Präsentationen regte er eine hitzige Debatte über die Bedeutung der Burka an. Er musste in die Diskussion eingreifen, damit keine Gefühle verletzt wurden. Chalayan beleuchtet weiterhin universelle Themen, ohne Ideologien zu verbreiten. Auch Martin Margiela ist ein Designer, der gern feste Vorstellungen sprengt und mit seinen Kleidern und Präsentationen eine bestimmte Aussage machen möchte. Seine ersten Modenschauen unterschieden sich von den üblichen Präsentationen in vier Hauptpunkten: Er kreierte nicht jede Saison eine komplett neue Kollektion,

sondern interpretierte häufig alte Teile neu oder recycelte Kleider; vorgeführt wurden sie von Laien-Models. Dazu wählte er ungewöhnliche Locations; er lehnt es auch ab, als Chef zu gelten – vielmehr sieht er sich als Teil eines Teams. Bei seinen Präsentationen ging es ihm eher darum, das Publikum zu irritieren, wenn er beispielsweise eine Modenschau im Dunkeln veranstaltet und die Models von dunkel gekleideten Assistenten mit Leuchtschirmen eskortieren lässt. Seine radikalen und unkonventionellen Ideen wurden bald von anderen Designern übernommen und sind inzwischen zu eher normalen Bestandteilen einer Show geworden. Das deutsche Design-Duo Bless, das Label Three as Four aus den USA oder der deutsche Modeschöpfer Bernhard Willhelm

LINKS UND RECHTS Der Raum für den
Auftritt der Models kann ganz unterschiedlich gestaltet sein. Im Bild rechts
der Aufbau des Architekturbüros OMA
für die Frühjahr/Sommer-Schau 2009
von Prada. Fotografie mit freundlicher
Genehmigung von OMA.

verureten ebenfalls einen konzeptionellen Ansatz. Sogar Marc
Jacobs, der sonst klassischere
Schauen veranstaltet, über-
raschte die Modewelt durch eine
Frühjahr/Sommer-Schau 2oo8,
die ironische Anspielungen auf
die zeitliche Abfolge der Dinge
enthielt. Er ließ die Show in um-
gekehrter Reihenfolge ablaufen:
Zuerst trat er auf, dann die Models. Dieser Gedanke fand sich
auch bei der Abfolge der Outfits
und bei den Kleidern selbst.

Mix aus Genres und Formen

Es wurden hier unterschiedliche
Formen und Genres von Modenschauen vorgestellt, es ist jedoch
durchaus üblich, sie zu kombinieren. Bei einer klassischen Modenschau kann auch ein kurzes
Video gezeigt werden oder ein
spektakuläres Szenenbild aufgebaut sein. Auch Konzeptionelles
und Theatralisches können dabei
nebeneinander Platz haben.

Kunst und Prominenz

Oft arbeiten Designer mir
Künstlern zusammen, um einer
Modenschau das gewisse Etwas
zu verleihen und eine stärkere
Medienresonanz zu erzielen,
das Publikum zu überraschen
und ihre Marktposition zu stär-
ken. Dafür werden prominente
Models, aktuelle Bands für die
Begleitmusik oder bekannte
Produzenten engagiert. Trussardi
zum Beispiel beauftragte in den
Achtzigerjahren den Horrorfilm-
Regisseur Dario Argento mit der
Produktion seiner Show, und
dieser inszenierte auf dem Lauf-
steg den Mord an den Models.
Popstar Lily Allen sang live bei
einer Haute Couture-Schau von
Chanel, und der Architekt Rem
Koolhaas vom Architekturbüro
OMA arbeitete viele Jahre mit
Prada zusammen und gestaltete
ungewöhnliche Produktionen für
die Modenschauen des Labels.

Frédéric Sanchez

Sound-Illustrator
www.fredericsanchez.com

Musik ist einer der wichtigsten Bestandteile einer Modenschau. Frédéric Sanchez besitzt ein besonderes Gespür dafür, genau die richtige Musik für die Outfits eines Designers einzusetzen. Er bezeichnet sich selbst als Sound-Illustrator (Tongrafiker). In einer Art Musik-Collage gestaltet er für jede Modenschau den passenden Sound und kreiert Fantasiewelten für die Präsentationen von Marc Jacobs, Calvin Klein, Prada oder das Label Rue du Mail. Alles begann mit der ersten Präsentation von Martin Margiela 1989 und einem neuen Konzept für Modenschauen und ihre musikalische Gestaltung.

Sie bezeichnen Ihre Arbeit als Tongrafik. Können Sie diesen Begriff näher erläutern?

Als ich 1989 anfing, gab es keine Bezeichnung für das, was ich machte. Ich bin weder Musiker noch DJ. Musik kann eine Geschichte erzählen, und genau das ist meine Arbeit: mit Musik eine Geschichte erzählen. Deshalb habe ich diesen Titel gewählt. Er ist fantasievoller und aussagekräftiger als die Bezeichnung Musiker. Irgendwie habe ich auch anderen damit die Möglichkeit gegeben, diesen Begriff zu verwenden.

Wie arbeiten Sie mit dem Designer an der Musik für den Laufsteg?

hinter der Kollektion wider. Da finde ich viele Anhaltspunkte. Normalerweise fange ich zwei Wochen vor der Modenschau an. Mit vielen Kunden arbeite ich schon jahrelang zusammen. Ich verstehe mich gut mit ihnen, dadurch geht die Arbeit schneller. Zuerst sprechen wir über Bilder und Vorstellungen, die dann in Musik umgesetzt werden. Ich versuche, die Bilder in Musik zu übersetzen, die dann, wenn die Models auf dem Laufsteg sind, wieder zu Vorstellungen werden.

Nennen Sie uns ein Beispiel.

Vor einem Jahr waren wir für die Frühjahr/Sommer-Kollektion 2009 von Marc Jacobs auf der

Frédéric Sanchez gestaltete die Begleitmusik für die erste Show von Maison Martin Margiela, eine beeindruckende Präsentation. © Fotografie mit freundlicher Genehmigung von Maison Martin Margiela.

> *„Bei einer minimalistischen Produktion wird Musik zu einem virtuellen Element, das zeitliche und räumliche Vorstellungen erzeugt.“*

Ich arbeite häufig mit Leuten wie Marc Jacobs oder Miuccia Prada. Ich spreche gern direkt mit den Leuten. Wenn ich Musik gestalten soll, ist das die beste Methode. Ich schaue mir die Outfits an, manchmal ist es aber besser, sich die Moodboards anzusehen, sie geben die Ideen

Suche nach einem Soundtrack für die Show. Seine Kollektion hatte Anklänge an die Dreißiger und Vierziger und an die ersten Entwürfe von Yves Saint Laurent. Diese beiden Elemente wollten wir mit einem schlüssigen Musikkonzept verbinden. Also kamen wir auf Jazz.

Es sollte aber eine bekannte und anspruchsvolle Musik sein, die man sofort mit New York in Verbindung bringt. Wir entschieden uns schließlich für *Rhapsody in Blue* von George Gershwin, weil es genau diese Mischung aus Jazz und Klassik ist. Und dieses Musikkonzept zog sich durch die ganze Show.

Brauchen Sie lange dazu?
Normalerweise brauche ich eine Woche für die Begleitmusik zu einer Modenschau.

Suzy ·Menkes meint, dass ·Musik ·Mode beflügelt. ·Wie wichtig ist ·Musik für eine ·Modenschau?
Bei einer Modenschau hat Musik eine ganz andere Rolle als im Theater oder im Kino. Bei einer minimalistischen Produktion wird Musik zu einem virtuellen Element, das zeitliche und räumliche Vorstellungen erzeugt. Es gibt keine materiellen Bilder, durch die Musik entstehen sie allein in der Fantasie.

Haben Sie mit unterschiedlichen ·Designern zusammengearbeitet? Ich denke, es gibt viele verschiedene Herangehensweisen ...
Jedes Label ist anders, und jeder hat seinen eigenen Arbeitsstil. Mit manchen kann ich experimenteller arbeiten als mit anderen. Prada, Marc Jacobs und Martine Sitbon sind sehr kreative Menschen mit vielen Interessen. Ich arbeite nicht mit Leuten, die nur an den Umsatz denken; ich mag Leute, die etwas gestalten.

Was war Ihre erste ·Modenschau?
Die Martin-Margiela-Show. Ich interessierte mich damals nicht besonders für Mode. Ich war jung und versuchte, Aufträge in den Medien zu bekommen, bei denen verschiedene künstlerische Bereiche zusammenkommen. Und Mode bringt verschiedene Elemente zusammen: Theater, Tanz und Kino. In den Achtzigern gab es Grafikdesigner wie Peter Saville, die Plattenhüllen gestalteten und anfingen, für die

Designer ·Marc ·Ascon und Yohji Yamamoto zu arbeiten. Ein solcher Mix war für mich interessant. Zu dieser Zeit war Mode außer der japanischen wenig innovativ. Modenschauen waren ein Abklatsch der Haute-Couture-Schauen. Mit Martin Margiela wollten wir etwas Zeitgenössisches machen und Musik verwenden, die für Mode noch nie eingesetzt wurde. Der Musikstil sollte aggressiv sein und einheitlich vom Anfang bis zum Ende. Die Neunziger waren viel kreativer.

Und heute?
Jetzt ist es ein bisschen wie in den Achtzigern ... Heute sind viele Modenschauen genauso gemacht wie meine erste damals mit Martin Margiela.

Häufig ist die ·Musik bei einer ·Modenschau nur schwer wiederzuerkennen ...
Das macht gar nichts, finde ich. Am wichtigsten ist, dass die Idee richtig ankommt. Es ist mir egal, ob das Publikum die

Musik wiedererkennt. Wenn ich Zeitschriften durchblättere und neben den Kollektionen der Designer, mit denen ich gearbeitet habe, einige der Vorstellungen finde, die hinter der Musik standen, finde ich das genial. Das heißt, dass das Musikkonzept aufgegangen ist.

Ist es Ihrer Meinung nach wichtig, eine gute finanzielle Basis zu haben, um überhaupt eine Modenschau produzieren zu können?
Man kann viele interessante Sachen in einem Studio machen. Wir haben das getan. Man muss kreativ und originell sein. Marc Jacobs hat mit T-Shirts angefangen, also ... warum sollte es jemand anders nicht auch schaffen? Wenn man für ein großes Label arbeiten möchte, ist noch etwas anderes entscheidend: Man muss neue Wege suchen, um etwas Besonderes zu schaffen. Dabei ist es wichtig, auf seine ganz persönliche Art kreativ zu werden.

Marc-Jacobs-Show. © Fotografie von Mark Reay.

Von der Idee zum Budget

Unabhängig von Stilfragen müssen bei einer Modenschau viele schnelle Entscheidungen getroffen werden, wie etwa über Produktion, Models, Kollektionsteile, Accessoires, Musik, Beleuchtung, Make-up, Einladungen usw. Jede kleine Entscheidung fügt sich als weitere Facette in die Gesamtgestaltung ein. Diese einzelnen Elemente müssen erkennbar sein und zusammen ein schlüssiges Konzept ergeben, das als Ganzes auf dem Laufsteg ohne Erklärungen verstanden werden kann. Ist dies alles stimmig, kommt die Aussage auch in der ersten Reihe an.

Ein Model posiert in Paris für die Frühjahr/Sommer-Schau 2007 für Vivienne Westwoods Gold Label. © Fotografie von Daniel Mayer.

Ein Konzept entsteht

Meist ist eine Modenschau in ihren Grundzügen bereits festgelegt, bevor die Kollektionsteile fertiggestellt sind. Die Designer beginnen drei bis sechs Monate im Voraus, mit den Produzenten das Konzept für die Modenschau auszuarbeiten. In dieser Phase wird das Motto des Labels für die nächste Saison festgelegt. Während der Kollektionserstellung fließen aus verschiedenen Bereichen neue Ideen ein und formieren sich schließlich zum endgültigen Konzept für die Präsentation. Designer und Artdirector lassen sich häufig von Film, Musik und Kunst inspirieren. Sie suchen nach visuellen und audiovisuellen Quellen, um die Aussage der Kollektion bildlich darzustellen. Das bedeutet, dass sie ihre Antennen stets aufgerichtet haben sollten und

zudem die Fähigkeit besitzen sollten, die Einflüsse dann auch sinnvoll umzusetzen.

Bei der Präsentation seiner Frühjahr/Sommer-Kollektion 2009 wollte beispielsweise Hussein Chalayan die Geschwindigkeit darstellen, die unser Leben bestimmt. Er kreierte mit dem Hairstylisten Eugene Souleiman extravagante Frisuren, die an Bilder aus der Sportwelt erinnern, wenn große Geschwindigkeiten festgehalten werden. Die amerikanischen Designerinnen des Labels Rodarte ließen sich bei der Wahl ihres Leitmotivs und Settings für die Herbst/Winter-Kollektion 2009 von verschiedenen Künstlern und vom Film inspirieren: bestimmend waren die Land Art der Siebzigerjahre, Robert Smithsons Spiegel-Installationen, Nancy Holts Sun Tunnels und der Kultfilm *Donnie*

LINKS Der Designer Bruno Pieters nimmt letzte Korrekturen am ersten Outfit der Herbst/Winter-Kollektion 2008 vor, das das Model Iekeline Stange auf dem Laufsteg tragen wird. © Fotografie von Sonny Vandevelde. OBEN Hinter der Bühne der Vivienne-Westwood-Schau stellt Daniel Mayer ein improvisiertes Moodboard zusammen, mit Polaroidfotos von Pamela Anderson, dem Gesicht des Labels für die Herbst/Winter-Saison 2009. © Fotografie von Daniel Mayer.

Darko[1]. Artdirector Alexandre de Betak entwickelte aus diesen Motiven eine geheimnisvolle und konzeptionelle Installation für die Show von Rodarte. Andere Modeschöpfer entwickeln ihre Ideen während der Erstellung und Fertigung der Kollektion, und viele sagen, dass sie die meisten Einfälle im Alltag bekommen. Die Ausgangspunkte sind von Designer zu Designer unterschiedlich. Manche machen den Produktionsstudios detaillierte Vorgaben, andere geben nur generelle Leitlinien vor.

Alexandre de Betak produziert seit zehn Jahren Modenschauen für John Galliano, und auf die Frage nach der Zusammenarbeit mit dem Dior-Designer sagt er, am Anfang stünden einfach ein paar Begriffe im Raum. Galliano sagt beispielsweise „Sex und Gefahr" oder vielleicht „Gefahr und Romantik", und daraus entwickelt sich dann alles.

Die Leitlinien des Designers werden in einem Briefing festgehalten, das als Arbeitsgrundlage für den Produzenten und den Laufstegregisseur dient. Dieses Dokument muss klar formuliert sein, weil sich jedes Missverständnis negativ auf die Berichterstattung in den Medien auswirken kann. Die Kollektion selbst vermittelt eine bestimmte Aussage, kommen jedoch andere Elemente hinzu, können neue Assoziationen entstehen. Aus diesem Grund ist es wichtig, sich im Team zu beraten, Ideen auszutauschen und nichts als selbstverständlich vorauszusetzen. Was wollen wir ausdrücken? Ist unsere Aussage verständlich? Ist die Kollektion stimmig? Gewinnen oder verlieren die einzelnen Outfits durch die Show? Das sind einige der Fragen, die man beim Schreiben des Briefings beachten sollte. Bei der Frühjahr/Sommer-Schau von Dior Homme 2009

LINKS Bühne frei für die konzeptionelle und futuristische Show, mit der das Label Rodarte und Laufstegproduzent Alexandre de Betak die Herbst/Winter-Kollektion 2009 vorführen. © Fotografie von Mark Reay. OBEN Es war nicht einfach für die Produktionsfirma Eyesight, die perfekte Location zu finden, die der Vorstellung von Thierry Dreyfus entsprach, der das Laufstegkonzept für die Herbst/Winter-Kollektion 2009 von Kris Van Assche entwickelte. Doch in den Jardins de l'Observatoire wurden sie schließlich fündig – und die Schau war überwältigend. © Fotografie von Mathias Wendzinski mit freundlicher Genehmigung von Eyesight.

musste Artdirector Thierry Dreyfus ein spezielles Konzept ausarbeiten: Der Designer Kris Van Assche hatte frischen Wind ins Haus Dior gebracht. Dreyfus verlegte den Laufsteg daher in einen Park, überdachte eine Allee und verdunkelte sie mit Vorhängen. Mit dem Einsetzen der Musik fielen die Vorhänge nacheinander und ließen das Tageslicht einströmen. Damit wurde der Wandel im Hause Dior symbolisch dargestellt: von den dunklen Tönen des Modeschöpfers Hedi Slimane hin zu den strahlenden Entwürfen von Kris Van Assche. Designer ver-

wenden meist Moodboards, um Ideen zu sammeln und wiederzugeben: Auf einem festen Stück Karton werden die verschiedenen Inspirationsquellen als Collage zusammengestellt – Körperhaltungen, Farben, Beleuchtung, alles wird gesammelt, um an der Idee und ihrer Vermittlung arbeiten zu können. In der Regel gibt es einen Ideenaustausch zwischen dem Laufstegregisseur, dem Lichtgestalter, den Visagisten und dem Modeteam, damit das Konzept konkrete Formen annimmt und alle am Dialog beteiligt sind. Thierry Dreyfus ist der Ansicht, dass man erst dann

über die Beleuchtung entscheiden kann, wenn man die Kollektion gesehen hat: Welche Farben überwiegen? Sind es transparente Stoffe? Wie bewegen sich die Models? Das alles sind wichtige Faktoren für das Konzept.

Budgetierung

Zunächst muss ein Designer das Budget und dessen Aufteilung festlegen. Das zur Verfügung stehende Budget bestimmt, wie aufwendig die Show gestaltet werden kann. Die Kosten für eine Modenschau reichen von 30.000 Euro für einen einzelnen Designer bis hin zu zehn Millionen Dollar für eine extravagante Pressemoden-

LINKS Das Model Natasha Poly wird für die Haute-Couture-Schau Frühjahr 2009 von Christian Dior hinter der Bühne gestylt. © Fotografie von David Ramos. **RECHTS** Die Casting-Chefin für die Modenschau des Labels Rue du Mail von Martine Sitbon macht einige Polaroidaufnahmen vom Model Iekeline Stange. © Fotografie von Sonny Vandevelde.

schau wie die des amerikanischen Modeunternehmens Victoria's Secret. Für eine große Schau werden durchschnittlich 150.000 Euro investiert, doch viele Designer können eine solche Summe nicht aufbringen. Daher gibt es die Möglichkeit, mithilfe von Sponsoren einfache, aber gut ausgearbeitete Präsentationen zu veranstalten. Die beiden Designerinnen von Rodarte schafften es innerhalb kürzester Zeit, die Presse zu beeindrucken und gleich in die Riege der besten Modeschöpfer in den USA aufzusteigen. Sie zeigen professionelle Schauen und werden von der Lifestyle-Firma Lexus Hybrid Living und der Kosmetikfirma Mac gefördert, die Technik und Material liefern. Die Kosmetikfirma Aveda stellt die Hairstylisten. Zudem erhielt Rodarte 2006 den mit 50.000 Dollar dotierten Designerpreis des Council of Fashion Designers of America. Für viele Modeschöpfer stellt das Ringen um internationale Beachtung, die durch Berichte in einflussreichen Modezeitschriften erreicht wird, oft einen großen finanziellen Aufwand dar.

Für die Budgetierung sind einige Posten zu berücksichtigen:[2]

PERSONELLE AUSSTATTUNG

Dazu gehören das Honorar und die Kosten für den Artdirector, der für die Laufstegregie verantwortlich ist, für den Stylisten, der die Outfits stimmig zusammenstellt, für den Besetzungschef, der die Models auswählt, für die Models selbst und die Anziehhilfen hinter der Bühne (häufig sind es Studenten). Wenn das Budget nicht ausreicht (die Produktion einer Pariser Modenschau kann bis zu 140.000 Euro kosten), wird manchmal auf Laufstegregisseur und Stylist verzichtet, dies sollte jedoch nicht zu Lasten der Qualität gehen.

Die Anzahl der Models hängt von der Anzahl der Outfits ab, die für die Schau vorgesehen sind, und entscheidet darüber, wie häufig sich die Beteiligten umziehen müssen. Die richtigen Models auszuwählen ist keine einfache Aufgabe. Daher beauftragen viele Designer einen Casting Director. Dabei darf kein Fehler passieren, damit die Modenschau ruhig und ohne große Zwischenfälle ablaufen kann: Eine Fehleinschätzung kann zu Verzögerungen auf dem Laufsteg führen, und nichts ist schlimmer als eine Lücke in der Präsentation. Nicht alle Models wissen, wie man sich auf einem Laufsteg bewegt, sie sollten unbedingt über entsprechende Erfahrung verfügen. Außerdem fordern nicht alle das gleiche Honorar – es ist abhängig vom Bekanntheitsgrad und von der Verfügbarkeit.

Ein Starmodel dient vielleicht als Lockvogel, kann aber das Budget stark strapazieren. Versace zahlte für einen Exklusivauftritt des damaligen Topmodels Christy Turlington 50.000 Dollar. Zum Glück für die Designer ist die Ära der Topmodels vorbei, und heute kann ein renommiertes Model etwa 15.000 Euro pro Schau fordern, wobei die Agentur 20 Prozent Kommission einbehält. Als Mindesthonorar gelten 500 Dollar, aber oft verlangen Models, die am Anfang ihrer Karriere stehen, weniger, da eine Modenschau ihren Bekanntheitsgrad steigern kann.

TECHNISCHE AUSSTATTUNG

Dazu gehören die Kosten für Musik, die unterschiedlich hoch sein können, je nachdem, ob sie eigens für den Anlass komponiert wurde, ein DJ einen kurzen Mix

OBEN Letzte Handgriffe kurz vor dem Beginn der Herbst/Winter-Modenschau 2009 des französischen Labels Leonard. © Fotografie von Eric Oliveira.
RECHTS Zwei Anziehhilfen unterstützen ein Model bei der Antonio-Marras-Schau. © Fotografie von Eric Oliveira.

abspielt oder ob ein Chor engagiert wird. Beleuchtung und Ausstattung sind entscheidend für die Atmosphäre. Daraus ergibt sich, welche Technik für die Veranstaltung gemietet werden muss. Die Präsentation wird zwar meist von der Presse festgehalten, es ist jedoch wichtig, auch selbst einen Fotografen und ein Filmteam zu engagieren, das die interessantesten Aspekte aufnimmt, damit für Katalog, Lookbook und Website Material zur Verfügung steht. Ein gutes Beispiel ist die Fotografin Autumn de Wilde, die hauptsächlich für die Musikbranche tätig ist und individuelle Backstage- und Line-Up-Aufnahmen für das Label Rodarte macht. Die Bilder sind auf der Website der Firma zu sehen. Es ist wichtig, professionelle Visagisten und Hairstylisten zu haben, die Erfahrung im Team besitzen und unter Zeitdruck

arbeiten können. Zu diesem Posten gehören auch die Techniker für Musik, Beleuchtung und Szenenbild, ebenso wie die Kosten für Versicherung und Transport.

INNENAUSSTATTUNG

Für das Szenenbild und die Technik müssen die Location gemietet, Materialien und Werkzeug für das Set beschafft und die Beleuchtung ausgeliehen werden. Auch an die Verpflegung und die Ausstattung des Backstage-Bereichs mit Tischen, Spiegeln und Beleuchtung muss gedacht werden, damit die Hairstylisten, Visagisten und Models möglichst reibungslos arbeiten können. Auch eine Versicherung ist wichtig, falls Schäden entstehen.

KOMMUNIKATION

Ein Teil des Budgets sollte unbedingt für Kommunikationsaus-

gaben reserviert werden. So etwa für die Einladungen – neben den Produktionskosten müssen das Honorar für den Grafikdesigner, der die Karten entwirft, und die Versandkosten berücksichtigt werden. Fotografien für das Pressedossier gehören ebenfalls zu den anfallenden Kosten. Viele Designer überreichen mit dem Pressedossier auch ein kleines Präsent, um sich bei den Gästen für ihr Kommen zu bedanken, beispielsweise einen Schal, Parfum oder eine Tasche. Auch dies muss im Budget berücksichtigt werden. Gelegentlich übernimmt der Designer auch Reisekosten und Spesen für ausgewählte Presseleute und Prominente. Für die kurze Schau sind so viele einzelne Posten zu berücksichtigen, dass viele Modeschöpfer allein deswegen die Koordination der Teams an eine Produktionsfirma vergeben, die eine Gesamtkostenschätzung erstellt. Alle Einzelposten müssen berücksichtigt werden, um den finanziellen Aufwand für die Schau richtig berechnen zu können.

Der passende Rahmen

Den zur Philosophie des Labels passenden Rahmen zu finden, ist für die Kommunikation der Kollektion entscheidend. Für seine imposanten und historisch anmutenden Roben wählt etwa John Galliano eine theatralische, opulente und klassische Kollektionspräsentation. Hussein Chalayan setzt für seine konzeptionellen und konstruktivistischen Stücke eine minimalistische Bühne und ungewöhnliche Präsentationen ein. Der fantasievolle Julian Roberts verfügt nur über ein kleines Budget und entscheidet sich für eine audiovisuelle Präsentation.

Alle perfektionieren ihre Präsentationen und passen sie an die jeweiligen Gegebenheiten, an ihre Kunden und an ihre finanziellen Möglichkeiten an. Man muss eine klare Vorstellung von der eigenen Identität haben, um sie auf die passendste Art und Weise zu vermitteln. Die geeignete Gestaltung findet man, wenn man das Budget im Auge behält und die Elemente wählt, welche die Philosophie und die Identität des eigenen Labels am besten unterstreichen. Oft werden Designer wegen fehlender finanzieller Mittel dazu gezwungen, erfinderisch zu sein und sich Alternativen auszudenken, mit denen sie Kosten sparen und ihren Bekanntheitsgrad erhöhen können.

Chris Kelly und Sara Flamm hatten mit Théâtre de la Mode 2007 ihr Debüt bei der London Fashion Week. Für ihre unge-

wöhnliche Präsentation gestalteten sie eine moderne Variante der Puppen, die Couturiers im 19. Jahrhundert verwendeten, und zogen damit das Medieninteresse auf sich. Die Accessoire-Designerin Devi Kroell stellte ihre erste Pret-à-porter-Kollektion auf schlichte und edle Weise in einem der renommierten Milk Studios in New York vor. Die Models waren Teil einer Installation, die so konzipiert war, dass sie den Blick auf die Kollektion lenkte. Die in Barcelona ansässige Designerin Cecilia Sörensen nutzte wie andere Newcomer die virtuelle Plattform *Future Tense* von Showstudio, um ihre bewegten Bilder dem Internetpublikum zu präsentieren. Mit dem Film *Inside Out* führte sie ihre Frühjahr/Sommer-Kollektion 2009 vor. Anstatt möglichst viele kostengünstige Elemente einzubauen,

ist es besser, zu vereinfachen und das Budget zur Aufwertung der Kollektion sinnvoll einzusetzen. Der Lichtdesigner Thierry Dreyfus gibt einen eindeutigen Rat: „Wenn du Jungdesigner bist, mach keine Modenschau. Miete einen Showroom, frag ein paar Freunde, ob sie für dich modeln, und versuche, die Presse auf dich aufmerksam zu machen."[3] In diesem Fall muss das Budget für die Showroom-Miete, die Hairstylisten und Visagisten, für Entwurf, Herstellung und Versenden der Einladungen und für Presse und Gäste ausreichen. Wenn der Designer seine Kollektion in Paris zeigen möchte und nicht dort ansässig ist, müssen Reisekosten und einige Tage Spesen für das Team einkalkuliert werden.

Der südafrikanische Designer Hamish Morrow ging den umgekehrten Weg und machte sich durch Modenschauen zunächst einige Saisons einen Namen, um dann erst Kollektionen zu produzieren.[4] Die Amerikanerin Erin Fetherston stellte ihre erste Kollektion nicht im Rahmen einer Modenschau vor, sondern beauftragte die Fotografin Ellen von Unwerth mit der Produktion eines kurzen Films mit der befreundeten Kirsten Dunst in der Hauptrolle. Chris Kelly und Sara Flamm vom Label Théâtre de la Mode sind überzeugt, dass das Budget die Gestaltung einer Show wesentlich mitbestimmt: „Wir wussten, was eine Schau in finanzieller Hinsicht bedeutet, und wir suchten eine neue Her-

angehensweise an heutige Mode – ohne Kompromisse und für ein breites Publikum aus dem Bereich Mode und Kunst."[5]

Zeitplanung
Es ist wichtig, den Zeitplan für alle Aktivitäten so zu erstellen, dass die Teammitglieder ihre jeweiligen Arbeiten rechtzeitig fertigstellen können. Kaum ist eine Modenschau zu Ende, beschäftigen sich viele Designer schon mit der nächsten. Besprechungen mit dem Produktionsteam beginnen drei bis sechs Monate vor der Show. In der ersten Besprechung werden Ideen gesammelt, und danach tauscht man sich per Telefon oder E-Mail darüber aus (viele müssen extra anreisen und stehen unter Termindruck).

In dieser Anfangsphase ist es besonders wichtig, die Ideen klar zu formulieren, damit der Laufstegregisseur, der Stylist und der Besetzungschef sie entsprechend umsetzen können. Man muss sich eindeutig ausdrücken, damit die Teammitglieder die richtige Vorstellung bekommen. Danach werden Zeichnungen und 3-D-Modelle angefertigt, sie werden besprochen, und die Produktion kommt ins Rollen. Wenn der Designer einverstanden ist, bestellt der Laufstegregisseur das Material, das er zur Konstruktion der Bühne benötigt. Einen Monat oder zwei Wochen vor dem Event veranstaltet der Besetzungschef in den Räumen des Designers oder im Showroom ein Treffen mit den Models. Ihre

Maße werden genommen, jedes Model macht einen Probelauf, der Casting Director begutachtet ihre Unterlagen, und eventuell werden schon einige fertige Kleidungsstücke anprobiert. Der Designer entscheidet daraufhin mit dem Team und dem Stylisten, welche Models am besten zum Label und welche Outfits zu welchem Model passen.

Sobald feststeht, welche Outfits gezeigt werden, finden eine Woche vor der Show Anproben mit den Models statt. Es wird auf die Wirkung der Kleider in Bewegung geachtet, um sie an das jeweilige Model anpassen zu können. Außerdem werden die Accessoires bestimmt und Frisuren ausprobiert. Von jedem Style werden Fotos gemacht, eine

Porträt- sowie eine Ganzkörperaufnahme. Letztere wird auf den Plakaten für die Umkleidebereiche mit Anweisungen zu den Outfits und zum Umziehen angebracht. Das Porträtfoto kommt auf ein anderes Plakat, das die Reihenfolge zeigt, in der die Models auf den Laufsteg gehen.

Ein paar Tage im Voraus wird die Bühne aufgebaut. Viele Bauteile wurden bereits Wochen vorher in Werkstätten hergestellt. Es wird sehr viel Technik benötigt, und die Raummieten sind hoch. Das Set wird daher häufig sogar erst am Veranstaltungstag aufgebaut. Für die Installation der Beleuchtung, für den Bodenbelag und die Anordnung der Sitzreihen wird ein großes, gut organisiertes Team benötigt. Am Tag der

LINKS Das Model Kim Noorda bei den Vorbereitungen zu einer Show von Marc Jacobs. © Fotografie von Sonny Vandevelde. **RECHTS** Tanya Dziahileva kommt bei der Schau von Giambattista Valli im Laufschritt hinter die Bühne. © Fotografie von Sonny Vandevelde.

Modenschau arbeiten alle gegen die Uhr, um rechtzeitig fertig zu werden. Hairstylisten und Visagisten beginnen vier Stunden vor der Show mit ihrer Tätigkeit. Einige Models, meist die gefragtesten, kommen häufig erst in letzter Minute an und müssen sich schnell zurechtmachen. Während geschminkt und frisiert wird, werden Musik, Beleuchtung und Choreografie ausprobiert. Der Probelauf ist sehr wichtig, falls irgendetwas fehlt. Wenn die Visagisten und Hairstylisten fertig sind, helfen die sogenannten Dresser den Models beim Anziehen, in der Reihenfolge, in der sie auf die Bühne gehen. Manchmal ist der Laufplan auf den Boden gezeichnet. Der Stage Manager überwacht mit dem Produktionsteam die Abläufe hinter der Bühne und stellt sicher, dass der Zeitplan eingehalten wird.

© Javi Morán

Jean-Luc Dupont

Pressereferent
www.systeme-d.net

Er schlägt die Brücke vom Designer zur Fachpresse und versucht, aus
einem Namen, mit dem niemand etwas
anfangen kann, ein weltweit bekanntes Modelabel zu machen. Jean-Luc
Dupont ist auf neue Herrenmode-
Labels spezialisiert. Seine Karriere
begann während der Zusammenarbeit
mit den Designern Xavier Delcour,
Romain Kremer und Sébastien Meu-
nier. Über die neuesten Trends ist er
bestens informiert, und er berichtet
direkt auf Twitter über die Styles, die
heute bei den Kunden gut ankommen.

Wie wichtig ist eine Modenschau, um die Kollektion eines Designers bekannt zu machen?

Sie ist nützlich, aber nicht entscheidend. Es gibt auch andere Möglichkeiten, Käufern und Presse eine Kollektion zu präsentieren. Eine Modenschau ist aber sicher die imposanteste Art, das zu tun. Man muss die Outfits dafür aber stylen, und das liegt nicht jedem Designer.

Wie viel kann eine Modenschau kosten?

Von null bis tausend Milliarden Euro. Location, Produktion, Beleuchtung, Ton, Film, Ausstattung, Models, Hairstylisten und Visagisten, das Drucken und Versenden von Einladungen – das alles kostet natürlich Geld. Das Budget hängt außer-

Es gibt für Newcomer natürlich auch die Möglichkeit, die Produktion günstiger zu gestalten, weil sie als Anfänger sehr auf die Einhaltung des Budgets achten müssen. Man sollte aber daran denken, dass eine miserable Produktion einen schlechten Eindruck hinterlassen kann. Also, ich würde sagen, eine Modenschau kostet grob geschätzt mindestens 10.000 Euro.

Wie sollte man eine Modenschau am besten gestalten?

Am wichtigsten ist, dass die Gestaltung zum Stil des Labels passt und die Persönlichkeit des Designers widerspiegelt. Je mehr man alles auf den Punkt bringt, desto besser. Die Profis sehen sich jeden Tag derart viele Modenschauen an, dass

„Wenn sich jemand nicht angemessen platziert fühlt, sieht er die Modenschau womöglich in einem schlechten Licht."

dem vom Konzept der Modenschau ab – ob sie im Rahmen einer Damen- oder Herren-Modewoche stattfindet. Schauen für Damenmode sind teurer in der Produktion. Und dann hängt es von den finanziellen Möglichkeiten des Labels ab.

ich glaube, eine Laufstegpräsentation hat viel mehr Wirkung, wenn sie eine klare Linie zeigt. Sie muss kraftvolle Ideen transportieren und nicht irgendwelche diffusen Konzepte.

Nach welchen Kriterien wählen Sie die Pressevertreter aus, die bei der Modenschau dabei sein sollen?

Je mehr, desto besser. Es können gar nicht genug sein. Man hat natürlich eine Zielgruppe, eine Kommunikationsstrategie. Das Label hat ein bestimmtes Image, einen Marketing- oder Entwicklungsplan. Beispielsweise braucht man trendige Zeitschriften nicht zu einer Verkaufsmodenschau einzuladen, außer das Label wirbt in diesen Medien. Dann ist da noch die schwierige Frage der Sitzordnung, wie man die wichtigsten Leute und die Förderer des Labels auf die besten Plätze bekommt.

Ist die erste Reihe so wichtig?

Bei Prominenten hat dies meist keine große Bedeutung. Wenn die Promis Medienwirbel um sich machen, berichtet die Presse mehr darüber, wer da war und was sie anhatten, als über die Kollektion. Aber man muss gut überlegen, wer in der ersten Reihe sitzen soll: Wenn sich jemand nicht angemessen platziert fühlt, sieht er die Modenschau womöglich in einem schlechten Licht, und im schlimmsten Fall verlässt er schon vor Beginn den Saal.

Welchen Rat würden Sie einem Designer für seine erste Modenschau geben?

Halte sie schlicht, kurz und knapp, und bleib dir dabei immer treu. Wenn du deine Schau bei einer Modewoche veranstaltest, behalte im Hinterkopf, dass dein Publikum womöglich jeden Tag zwölf Modenschauen ansieht. Wenn sie sich also an dich erinnern sollen, langweile sie nicht. Sie sind Profis und wissen, worauf sie achten und wie sie eine Modenschau analysieren müssen. Es ist ihr Job, und nach den ersten Outfits ziehen sie schon ihre Schlüsse.

Wie viele Modenschauen haben Sie sich schon angesehen, und welche haben Sie am meisten beeindruckt?

Ich habe schon Unmengen gesehen! Und nicht nur bei den großen Modewochen in Paris, London, Mailand und New York, sondern auch an exotischeren Orten wie in Kolumbien, Lettland, Russland und Portugal. Ich erinnere mich vor allem an eine Modenschau von Claude Montana Mitte der Achtzigerjahre im Sommer auf dem Cour Carrée am Louvre. Erstens war es die erste Modenschau, bei der ich dabei war, und zweitens war der Platz riesig und voller Leute, ein Heer von Fotografen kämpfte um die besten Bilder – Achtzigerjahre-Power-Models, überall Schulterpolster und viel Leder. Die Zweite war eine Show von Alexander McQueen 1996 mit einer geheimnisvollen Atmosphäre. Regie und Set-Design von Simon Costin waren fantastisch, und faszinierend war auch, dass die Models durch Wasser gingen. Die dritte Präsentation, die mich besonders faszinierte, war eine Frühjahr/Sommer-Schau von Sébastien

Teamarbeit

Ein professionelles und gut koordiniertes Team kann der Schlüssel zum Erfolg sein. Im Gegensatz zur ruhigen Arbeit im Atelier ist eine Modenschau eine kurzlebige Veranstaltung, die sehr professionelles Arbeiten und einen hohen logistischen und finanziellen Aufwand erfordert. Produzenten, Visagisten, Hairstylisten, Stylisten und Lichtgestalter sind mit Leidenschaft an dieser gemeinschaftlichen Produktion beteiligt. Die Voraussetzung für einen erfolgreichen Ablauf ist eine sorgfältige Planung. Das Team ist damit beschäftigt, den Charakter der Kollektion und die Philosophie des Designers darzustellen. Diese Arbeit verdichtet sich in dem einzigartigen magischen Moment einer Modenschau.

Kurz vor der Haute-Couture-Schau für Frühjahr/Sommer 2009 von Elie Saab ist noch viel zu tun. © Fotografie von David Ramos.

Ideen umsetzen: die Produktion

Viele Designer entscheiden sich für eine Produktionsfirma, die nach dem Briefing die Laufstegregie führt, die Logistik übernimmt und die verschiedenen Teams für die Modenschau zu sammenstellt und koordiniert. Solche Agenturen bieten verschiedene Dienstleistungen an: Auswahl der Location, Planung und Aufbau des Sets, Bereitstellung eines technischen Teams, Sicherheitsmanagement, Backstage-Betreuung und Gesamtproduktion der Veranstaltung.

Hinter einer großen Modenschau steht normalerweise eine große Produktionsfirma, die regelmäßig für den jeweiligen Designer arbeitet und auf die Persönlichkeit, den Geschmack und die Erwartungen des Modeschöpfers eingeht.[1] So ist zum Beispiel für die überwältigenden Präsentationen von Alexander McQueen die Produktionsfirma Gainsbury and Whiting verantwortlich, die von Sam Gainsbury und Anna Whiting professionell geleitet wird. Zu ihren Kunden gehören auch Stella McCartney und Christopher Kane. Es ist eine der erfolgreichsten Produktionsfirmen in Großbritannien. Die Pariser Modenschauen werden von vier Firmen produziert. Hinter der Agentur La Mode en Images steht ein besonders erfahrener Produzent, Olivier Massart. Er organisiert seit über 25 Jahren Modenschauen, heute für Balenciaga, Louis Vuitton, Kenzo und Valentino. Der Lichtdesigner und Artdirector Thierry Dreyfus arbeitet inzwischen regelmäßig für die Produktionsfirma Eyesight und betreut Schauen von Dior Homme, Jil Sander und Sophia Kokosalaki.

LINKS Bei der Modenschau der Frühjahr/Sommer-Kollektion 2009 von Dries Van Noten. © Fotografie von Patrice Stable, mit freundlicher Genehmigung von Dries Van Noten. OBEN Ein Ordner neben den Papierkreationen von Stéphane Lubrina für die Haute-Couture-Frühjahrskollektion 2009 von Chanel. © Fotografie von David Ramos.

Mit Sitz in Brüssel konzipiert Étienne Russo, der Gründer der Agentur Villa Eugénie, Pariser Modenschauen für Chanel, Dries Van Noten, Lanvin und Hermès. Und Alexandre de Betak, der von der Presse wegen seiner faszinierenden Präsentationen mit Filmregisseuren wie Cecil B. DeMille oder Federico Fellini verglichen wird, organisiert Modenschauen für Christian Dior, Viktor & Rolf, Hussein Chalayan oder Rodarte. Ein guter Laufstegregisseur kann zuhören, hat neue Ideen, nimmt Anweisungen an und macht unter Berücksichtigung der Philosophie des Labels innovative und originelle Lösungsvorschläge. Für Alexandre de Betak ist das Ziel seiner Arbeit, „eine Show unvergesslich zu machen, ohne die Kleider dabei zu vernachlässigen. Man versucht, etwas Neues, nie Dagewesenes zu machen, aber man muss sich innerhalb der Vorstellung des Designers bewegen, damit die Leute verstehen, worum es geht."[2] Lichtgestalter und Regisseur Thierry Dreyfus fügt hinzu: „Wenn das Publikum den Saal verlässt und über die tolle Lichtgestaltung spricht, ist irgendetwas schiefgegangen. Wenn die Gäste sich begeistert über die Musik unterhalten, haben wir auch etwas falsch gemacht. Was am Ende zählt, ist die Kollektion, und jedes einzelne Element muss dazu beitragen, die Kollektion hervorzuheben und das Label erfolgreich zu machen."

Betak hält es für wichtig, ein telegenes und fotogenes Event zu gestalten, weil die Bilder und Videos noch lange nach der Show Gültigkeit haben. Stellt man sich das Szenario vor, sollte man es aus drei verschiedenen Perspektiven betrachten: aus der Sicht der Pressefotografen, der Fernsehteams sowie der eigenen Fotografen.[3] Auch die Position der Zuschauer ist wichtig – sie sehen die Modenschau schließlich aus der ersten Reihe.

Dabei wird nichts dem Zufall überlassen; das beginnt schon mit der Gestaltung des Laufstegs. Der Laufstegregisseur Michael Brown nennt die Fragen, die man sich jedes Mal stellen muss, wenn man die Bühne für eine Modenschau entwerfen will: „Welche baulichen und gestalterischen Elemente besitzt die Location? Wo ist der Eingang für die Gäste? Wo sitzt das Publikum bei der Schau? Wie soll der Laufsteg konstruiert und gestaltet werden? Welche Fläche soll der Laufsteg einnehmen, und welche Form passt am besten zu den Kleidern? Sitzen die Fotografen dort, wo man die besten Bilder machen kann? Wo gehen die Models hinein und heraus?"

ist der Kopf hinter den spektakulären Produktionen von John Galliano. Und Simon Costin hat die besondere Gabe, fantastische und unglaubliche Szenarios für Zeitschriftenfotos zu kreieren. Er sieht seine Aufgabe darin, den vorgegebenen Raum „anzukleiden". Neben dem Szenenbild muss an die Beleuchtung für die Schau gedacht werden. Zusammen mit der Musik erzeugt ein diffuses, ruhiges Licht eine Atmosphäre der Spannung für die Modenschau. Vorstellungen und Entwürfe müssen besprochen werden, damit das Konzept richtig umgesetzt werden kann. Mit Licht kann man die Stimmung beeinflussen, bestimmte Teile der Outfits hervorheben, dem Teint eines Models einen schimmernden Glanz verleihen – ganz nach den Vorstellungen des Designers.

Doch es gibt auch Modeschöpfer wie Christian Lacroix, die die gesamte Produktion selbst übernehmen. An seiner letzten Präsentation im Sommer 2009 war keine Agentur beteiligt.
Es ist für ein Label ungewöhnlich, die gesamte Produktion selbst zu leiten, doch für viele junge Designer ist es meist die einzige Möglichkeit, da sie sich keine großen Teams leisten können. Ein gutes Beispiel dafür ist Henrik Vibskov. Mit seinen originellen Schauen sorgte er jedes Mal für Überraschungen. Bei seiner Show mit dem Titel Fantabulous Bicycle Music Factory für Frühjahr/Sommer 2008 wurden die Models am Ende selbst zu einem Bestandteil einer eigens konstruierten, mit Fahrrädern angetriebenen Maschine, die ein beeindruckendes Klangorchester bildete.

Den Look festlegen: das Styling

Bis vor Kurzem blieben Stylisten, die Stil und Charakter eines Labels sehr stark prägen, eher im Hintergrund, und nur wenige Namen waren der Öffentlichkeit bekannt. Der Designer stand für ein Label, und Stylisten galten – wie Rizzoli in seinem Buch über deren Tätigkeit schreibt – als „Mode-Interpreten", die fleißig und unauffällig daran arbeiteten, die Kollektion nach den aktuellen ästhetischen Vorgaben sinnvoll zusammenzustellen. Die gefragtesten Stylisten berechnen etwa 4.000 Euro pro Tag. Sie haben ihren Einsatz einige Tage vor der Modenschau, an denen die Zusammenstellung der Outfits entschieden und die Wahl der Accessoires getroffen wird: Schuhe, Taschen, Schmuck – manchmal wird auch spezielles

Zubehör eigens für den Anlass gefertigt. Die Stylistin Katie Grand, die Herausgeberin von *Love Magazine*, arbeitet regelmäßig als Beraterin für Schauen von Louis Vuitton Herrenmode, von Prada und Miu Miu. Sie sagt: „Das ganze Designteam ist da, der Laufstegregisseur und der Produktionsleiter, alle sehen dir zu, wenn du deine Ideen vorstellst."[4] Man muss schnell und effektiv sein: „Wenn du mit großen Designern arbeitest und am nächsten Sonntag eine Modenschau ist, musst du entschieden sagen können: ‚Dieses ist gut, jenes mag ich nicht, machen wir es so, wir nehmen Grau.'"[5] In jedem Unternehmen gibt es bestimmte technische und zeitliche Abläufe. Alle Teammitglieder müssen sich auf die Wünsche der Kunden einstellen. Katie Grand erzählt: „Bei Vuitton ist alles sehr gut organi-

siert. Man bekommt die Kleider sechs Tage vor der Show, und deine Arbeit besteht darin, die Teile zusammenzustellen und mit Marc [Jacobs] und dem Designteam zu klären, ob sie mit der Kollektion so einverstanden sind. Bei Prada dagegen ist alles anders. Miuccia Prada hat eine ganz eigene Art zu arbeiten. Die Modenschau entwickelt sich erst in letzter Minute."[6]

Auch Moderedakteure können den Stil eines Designers beeinflussen: Carine Roitfeld, Chefredakteurin von *Vogue Paris*, prägte durch ihre Stylingvorschläge den neuen, sexy Look von Tom Ford für Gucci entscheidend mit. Emmanuelle Alt vom selben Magazin fand in den letzten Saisons einen neuen Ansatz für die Kollektionen der französischen Designerin Isabel Marant. Die Modeschöpferin hält die Arbeit

des Stylisten für unverzichtbar, um den Kleidern eine professionellere Wirkung zu verleihen: „Ich kann gut Kleider machen und mich anziehen, aber die Models ankleiden, einen bestimmten Style schaffen ... das ist nicht mein Ding. Ich finde es toll, wenn die Stylistin zack, zack, zack! die verschiedenen Teile zusammenstellt und ich nur sage: ‚Oh, ja! Genau so! Das ist es!' Aber ich stelle mir die Models nicht so komplett vor wie andere Designer. Mich interessieren die einzelnen Kleidungsstücke, aber ich schaffe es nicht, sie zu kombinieren. Emmanuelle [Alt] kann das, sie hat eine ganz genaue Vorstellung davon."[7]

Der britische Stylist Karl Templer arbeitete in den letzten Jahren oft mit Francisco Costa zusammen, dem Designer für das Label Calvin Klein. Er half ihm bei

den Anproben vor der Modenschau. Templer sieht seine Aufgabe nicht nur darin, die Outfits zusammenzustellen und die Accessoires auszuwählen, sondern für den Designer auch als „ein zweites Paar Augen" zu dienen. Und Francisco Costa selbst sagt: „Mit seiner Hilfe kann ich alles verfeinern. Das ist eine ganz unkomplizierte Zusammenarbeit, wir lernen beide viel dabei."[8] Die großen Designer präsentieren normalerweise mehr als 50 Outfits bei einer Modenschau. Laird Borrelli, die Chefredakteurin von *Style.com*, empfiehlt jedoch, sich zu beschränken und vor allem als Jungdesigner nur 24 bis 36 ausgereifte Outfits zu präsentieren. Die Reihenfolge der Kleiderpräsentation muss sinnvoll sein. Meist werden die alltäglicheren Teile zuerst gezeigt und dann die aufwendigeren. Die

extravagantesten Stücke werden für das Finale aufgehoben. Manche Designer legen ihrer Kollektion eine Story zugrunde oder folgen einem bestimmten roten Faden, wenn sie Fotos von den Teilen und den Models machen. Dabei werden die Kleidungsstücke nebeneinandergelegt, und es wird ausprobiert, welche Farb- oder Formänderungen gemacht werden müssen und welche Accessoires gebraucht werden, damit sich daraus ein ausdrucksstarkes, stimmiges Outfit ergibt. Bei Miuccia Prada entwickeln sich die Outfits nach und nach. Am Abend vor einer Modenschau kann es passieren, dass die Designerin eine Entscheidung fällt, die der Kollektion eine ganz andere Richtung gibt. Einmal bestand die Modeschöpferin beispielsweise auf einer entscheidenden Änderung: „Ich ging hin, denden Änderung: „Ich ging hin,

die Frisur war zu aufgebauscht und ich sagte: ,Nimm die Haare zur Seite.' Das sah viel deutscher aus, es war ganz deutlich. Das ist so interessant. Ein kleiner Handgriff, und alles sieht anders aus."[9] Frisuren und Make-up gehören zum Outfit, daher werden die Models während der Anproben auch geschminkt und frisiert. Man kann eine Kollektion ganz unterschiedlich interpretieren. Die richtige Interpretation zu finden erfordert Erfahrung und eine Vorstellung vom Publikum und von der Identität des Labels.

Neue Gesichter: das Casting

Es gibt auch Präsentationen ohne Models, doch diese erwecken eine aufwendige und technisch ausgefeilte Produktion erst zum Leben. Jung, schlank und schön, ihre Gesichter werden tausendfach fotografiert und sind häufig

eine der Hauptattraktionen in den Medien. Auch heute holen sich viele Labels noch Top-models der Achtzigerjahre als zusätzlichen Anziehungspunkt auf den Laufsteg, weil das Blitzlichtgewitter dann garantiert ist.

Für die Auswahl der Models ist ein Casting Director zuständig. Er arbeitet freiberuflich als Besetzungschef, entweder direkt für ein Label oder für eine Produktionsfirma. Er kann auch als Vermittler zwischen Agenturen und dem Designer auftreten. Die Auswahl der Models nach besonderen Kriterien und im Hinblick auf einen bestimmten Stil kann für den Erfolg der Modenschau entscheidend sein. Das Casting von Hedi Slimane für Dior Homme ist ein gutes Beispiel: Dafür wurden junge Männer auf der Straße angesprochen und engagiert. Ihre jugendlichen Körper und interessanten Gesichter wurden für das Label zum Markenzeichen. Entsprechend dem Budget und dem Typus Frau oder Mann, die der Designer beim Entwerfen vor Augen hat, wählt der Besetzungschef die Models aus, die das Label gegenüber den Medien am besten repräsentieren können. Das Casting findet in der Regel ein paar Wochen vor der Schau statt. Die gefragtesten Models werden direkt gebucht. Die anderen kommen zum Casting und präsentieren ihre Mappe, posieren für einige Schnappschüsse, probieren ein paar Kleider an und machen einen Probelauf, damit man sehen kann, wie sie sich bewegen. Die Agenturen schicken jene Models zum Casting, die ihrer Meinung nach am besten zum Profil des Designers passen.

Einige Besetzungschefs wie Russell Marsh oder James Scully sind Profis im Auswählen der Modelteams, die zu einem bestimmten Label passen. Marsh arbeitet seit mehr als zehn Jahren als Casting

LINKS Topmodel Chanel Iman posiert in einem Kleid aus der Frühjahr/Sommer-Kollektion von Frankie Morello. © Fotografie von Sonny Vandevelde. **RECHTS** Die Besetzungschefin für die Schau der Frühjahr/Sommer-Kollektion 2009 von Bruno Pieters sieht sich das Portfolio eines Models an. © Fotografie von Sonny Vandevelde.

Director für Prada und sichtet täglich bis zu 100 Fotos. Er sieht sich pro Jahr 3.000 Models an und besitzt eine Datenbank mit mehr als 18.000 Models aus der ganzen Welt.[10] Er begutachtet zunächst die Vorschläge der besten Agenturen, lädt 150 Models zu einem Casting ein, von denen er dann für eine Modenschau 15 oder 20 auswählt. Russell Marsh entdeckte unter anderem Daria Werbowy (Model für Labels wie Chanel, Dior, Balmain, Prada, Vuitton und Cavalli) sowie – auf dem Laufsteg in Sydney – Gemma Ward (Model für Prada, Dior und Dolce & Gabbana).

Der Casting Director James Scully arbeitete mit Tom Ford zusammen und wählte Models für dessen Gucci- und YSL-Schauen aus. Er führte auch Castings für Modenschauen von Stella McCartney, Carolina Herrera und Zac Posen durch. Designer bevorzugen unterschiedliche Modeltypen. James Scully berichtete einem Journalisten von *Nymag.com*[11], dass er für Carolina Herrera „elegante, damenhafte Models" aussucht, während diese für Derek Lam „eher jugendlich, sexy und sinnlich" sein müssen. Aufgrund ihrer Erfahrung können Besetzungschefs ihre Ent-

scheidungen schnell treffen. Sie erkennen sofort, wenn sie auf ein unentdecktes Talent gestoßen sind. Es hängt stark vom Designer ab, wie viele neue Gesichter ausgewählt werden. Einige arbeiten lieber mit Models, die das Publikum sofort wiedererkennt, andere sind risikofreudiger.

Meist wird das vom Designer bevorzugte Model für Eröffnung und Finale der Modenschau eingesetzt. Das gilt fast als Garantie dafür, dass es in der nächsten Saison wieder als Model und Cover-Girl gefragt sein wird: Wer häufig zu Beginn einer Schau auftritt, erlangt entsprechende Bekanntheit. Die Bezeichnung Cabine (frz. für Umkleideraum) für das Modelteam eines Labels stammt aus der Zeit, als die großen Modehäuser lange Auswahlverfahren durchführten, um geeignete Mädchen für eine Schau zu finden.

Es kann für ein unbekanntes Model eine große Ehre sein, eine Modenschau eröffnen zu dürfen, es kann aber auch einen Karriereschub bedeuten, wenn man für die Show eines großen Designers aus 50 Models ausgewählt wird. Häufig räumen Modezeitschriften den neuen Gesichtern unter dem Motto „Entdeckungen"

einen Platz ein. Das amerikanische Model Hilary Rhoda, das kürzlich einen Exklusivvertrag mit Estée Lauder abgeschlossen hat, wurde von dem Balenciaga-Designer Nicolas Ghesquière bei Modenschauen in New York entdeckt. Er ließ sie in Paris für sein Label auftreten und stellte sie der befreundeten Aerin Lauder vor, der Marketing-Chefin des bekannten Kosmetikkonzerns. Das Publikum in der ersten Reihe hält Ausschau nach neuen Gesichtern; die Redakteure und Einkäufer sind vor jeder Schau gespannt, welche Models ausgewählt wurden. „Es war toll; wir

schauen immer, ob es neue Models gibt. Hier waren all die neuen New Yorker Girls zu sehen, eine gute Wahl – ganz frisch und wie geschaffen für diese Kleider"[12], meint Carine Roitfeld, Chefredakteurin von *Vogue Paris* am Ende der Modenschau von Marc by Marc Jacobs. Für seine Zweitlinie wählt der Designer häufig neue Gesichter aus. Die Journalistin Harriet Quick schließt ihr Buch *Catwalking*[13] mit der Regieanweisung von Marc Jacobs an die Models bei einer Modenschau 1996: „Jungs und Mädels. Geht natürlich, nicht langsam und nicht schnell. Bitte

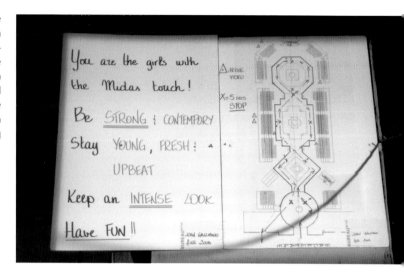

keine Hand auf der Hüfte. Keine Drehungen. Keine Posen! Danke. Ihr seid alle wunderschön, und wir lieben euch."

Solche Anweisungen stehen auf einem großen Karton, der gut sichtbar im Backstage-Bereich angebracht ist. Sie helfen den Models, sich auf das jeweilige Set, die Frisur, das Make-up, die Musik und das Motto der Schau einzustellen. Diese Stichwortkarten sind vor allem für jene Models nützlich, die direkt von einer anderen Modenschau kommen (manche absolvieren mehr als sechs Präsentationen hintereinander) und schnell in ihre neue Rolle schlüpfen müssen.

Die Stichwortkarten von Alexandre de Betak sind kurz, knapp und lustig und bleiben vielen Models in guter Erinnerung.[14] Auf solchen Karten wird nicht nur die Stimmung beschrieben, sondern

auch Ein- und Ausgänge sowie genaue Laufwege. Die Choreografie für den Laufsteg muss wohlüberlegt sein, sie kann ganz unterschiedlich ausfallen. Eröffnung und Finale der Modenschau sind die Highlights und werden besonders intensiv ausgestaltet. Jede einzelne Bewegung muss berücksichtigt werden, damit die Elemente der Produktion koordiniert werden können: Beleuchtung, Musik und Spezialeffekte. Bei klassischen Modenschauen werden Überraschungen normalerweise nur am Anfang und Ende eingeplant. Im Hauptteil der Präsentation sind die Outfits schlichter, die Models machen ihre Runde und bleiben an bestimmten Stellen stehen. Sie posieren dort, wo die Fotografen und Fernsehteams den besten Blick auf sie haben, damit sie gut ins Bild kommen. Am Ende

treten alle Models noch einmal mit dem Designer auf die Bühne. Im Lauf der Zeit hat sich ein Model-Prototyp herausgebildet. Die meisten Designer wählen heute sehr dünne Models mit besonderen Gesichtern. In den letzten Jahren ist der Kontrast zwischen dem Ideal auf dem Laufsteg und der Wirklichkeit stärker geworden. Das löste Diskussionen darüber aus, welche negativen Folgen es haben kann, wenn solchen Schönheitsidealen nachgeeifert wird. Die Cibeles-Modewoche in Madrid schreibt daher seit 2006 einen Mindest-BMI für Models vor. Andere Modewochen haben diese Initiative noch nicht aufgegriffen, es wurden jedoch neue Vorschriften eingeführt, wie der Ausschluss von Models unter 16 Jahren und die Verpflichtung, ein Gesundheitszeugnis vorzulegen.

Eugene Souleiman

Hairstylist
www.streeterslondon.com

Eugene Souleiman ist einer der einflussreichsten Hairstylisten in der Modebranche. Er schafft mit seinen Visionen Trends für Stylisten, Visagisten und Friseure. Mit Offenheit und guter Laune kreiert er Frisuren, die Geschichte machen. Sein Debüt hatte er 1997 als Hairstylist für die Modenschau von Hussein Chalayan – seitdem steht sein Telefon nicht mehr still. Mit seinem Team arbeitet Souleiman ständig unter Druck einen vollen Terminkalender ab. Zu seinen Kunden zählen Labels wie Chanel, Dries Van Noten, Ann Demeulemeester, Donna Karan, Louis Vuitton, Narciso Rodriguez, Moschino und Viktor & Rolf.

eigenes Team dabei, wie groß ist es?
Zum Team gehören 15 Leute. Wir arbeiten schon seit vielen Jahren zusammen. Wir sind wie eine große Familie und verbringen viel Zeit zusammen. Manchmal sind die Frisuren sehr kompliziert, und wir üben tagelang vor einer Show. Mein bester Freund, Martin Cullen, arbeitet freiberuflich als Hairstylist; er leitet das Team. Er koordiniert die Termine für die Modenschauen ... Er sorgt dafür, dass alles rechtzeitig fertig wird. Er organisiert fast alles. So bleibe mir genug Zeit und Energie für neue Ideen. Ich

Die Stimmung hinter der Bühne ist bei jedem Designer anders. Jedes Label hat seine Philosophie und eine andere Arbeitsweise. Die Persönlichkeit des Designers spielt auch eine Rolle. Kein Backstage ist wie das andere. Was ich an meinem Job mag, ist, dass jede Modenschau unterschiedlich ist. Ich langweile mich nie.

Die Starmodels kommen meist erst 45 Minuten, bevor die Show losgeht, dann hat man nur etwa zehn oder fünfzehn Minuten Zeit, die Frisur zu machen. Manchmal muss man eine Frisur erst lösen, die Haare waschen und wieder von vorn

Eine aufwendige Flechtfrisur von Souleiman für die Herbst/Winter-Schau von Tsumori Chisato. © Fotografie von Matthew Lever.

„Man muss sich trauen, seine
Visionen zu verwirklichen.
Man muss etwas riskieren."

arbeite gern schnell und unter Druck. Dann bringen das Team und ich die besten Leistungen.

Backstage-Aufnahmen von Modenschauen sehen nach ständiger Anspannung aus. Wie würden Sie die Atmosphäre beschreiben?

anfangen. Es gibt Models, die erst zehn Minuten vor einer Modenschau ankommen, dann müssen Make-up und Frisur sehr schnell gemacht werden. Das stressigste und anstrengendste an meiner Tätigkeit ist das Arbeiten gegen die Zeit.

Die Frisur des Models Lena Lomkova is inspiriert von Läufern in Bewegung. Da mit betont Souleiman das Konzept de „eingefrorenen Geschwindigkeit" vor Hussein Chalayan für die Kollektior Inertia Frühjahr/Sommer 2009.

Für die Frühjahr/Sommer-Kollektion 2009 von Yohji Yamamoto gestaltete Souleiman mit seinem Team weiche, poetische Frisuren.

Sie haben bereits bei über 30 Modenschauen mitgearbeitet. Was war der stressigste Moment Ihrer Laufbahn?

Das war eine Modenschau in Paris, Wahnsinn! Alle Models kamen erst eine halbe Stunde vor der Schau, und wir mussten die Frisuren und das Make-up von 53 Models innerhalb von 15 Minuten machen.

Und was war der verrückteste Moment?

Die letzte Show von Alexander McQueen für Givenchy. Das ganze Team war zwei Tage und Nächte vor der Show mit zwei Perücken beschäftigt. Wir achteten auf jedes kleinste Detail. Es war die letzte Kollektion von McQueen für Givenchy, und wir dachten, es würden unzählige Fotografen in den Backstage-Bereich kommen. Alles sollte perfekt sein. Vor der Show erfuhren wir, dass er niemanden hinter die Bühne geladen hatte und das Team mit den Models dort alleine sitzen würde. Als wir das hörten, konnten wir uns vor Lachen nicht mehr halten.

Und der glücklichste?

Der glücklichste Moment ist die letzte Modenschau der Saison. Wir sind zwar alle total erschöpft, aber wir versuchen, daraus die beste Show von allen zu machen.

Wie lang arbeiten Sie an den Ideen für eine Modenschau?

Das hängt vom Designer ab. Manche telefonieren nur und schicken E-Mails und Fotos als Anregung. Aber am besten ist es, wenn man die Kollektion sieht und bei den Anproben dabei ist, sich die Musik für die Schau anhört: Dann tauchst du ein in die Stimmung und in die eigentliche Vorstellung des Designers. Ich arbeite sehr gern für Modenschauen, weil man die Vision des Designers umsetzt und alles auf Anhieb perfekt hinbekommen muss. Eine Modenschau ist für ein Label sehr wichtig, nicht nur

„Bei einer Modenschau gehen schöne Frauen mit überwältigenden Outfits zu toller Musik 15 Minuten einen Laufsteg entlang."

zum Vorführen der Kollektion, sondern als Marketing-Instrument. Einige Labels verwenden das, was bei der Modenschau gezeigt wurde, auch für Kataloge und Werbung.

Mit welchem Model kann man am besten arbeiten?

Raquel Zimmermann. Sie macht Spaß, sie ist wie eine Schauspielerin. Sie kann sich in die Kleider und in die Fotos hineinversetzen. Sie sieht sich gern in verschiedenen Styles. Sie kann Rollen spielen: jung und verrückt, kindisch, romantisch oder einfach sexy.

Was ist für Sie eine Modenschau?

Bei einer Modenschau gehen schöne Frauen mit überwältigenden Outfits zu toller Musik 15 Minuten einen Laufsteg entlang.

Machen Sie sich Gedanken darüber, was die Leute in der ersten Reihe denken?

Ehrlich gesagt, nein. Da bin ich unabhängig. Es geht darum, eine Vorstellung umzusetzen, egal ob gut oder schlecht. Das schönste Kompliment, das man von einem Mode-redakteur bekommen kann, lautet: Das ist die beste Frisur, die ich je gesehen habe! Eine schlechte Presse macht mich aber stärker und spornt mich an. Man muss sich trauen, seine Visionen zu verwirklichen. Man muss etwas riskieren und darf keine Angst haben, Fehler zu machen. Man muss die Kraft haben, immer wieder neu anzufangen, wenn etwas schiefgeht.

Können Sie jungen Visagisten und Hairstylisten einen Tipp geben?

Immer auf den Designer und den Stylisten hören und eine einzigartige Vision schaffen, die dem Konzept des Designers entspricht. Die Rolle der Frisur nie isoliert sehen. Man muss im Hinterkopf behalten, dass sich die verschiedenen Bereiche bei einer Modenschau ergänzen.

Souleiman mit einem seiner Assistenten Backstage bei Tsumori Chisato.
© Fotografie von Matthew Lever.

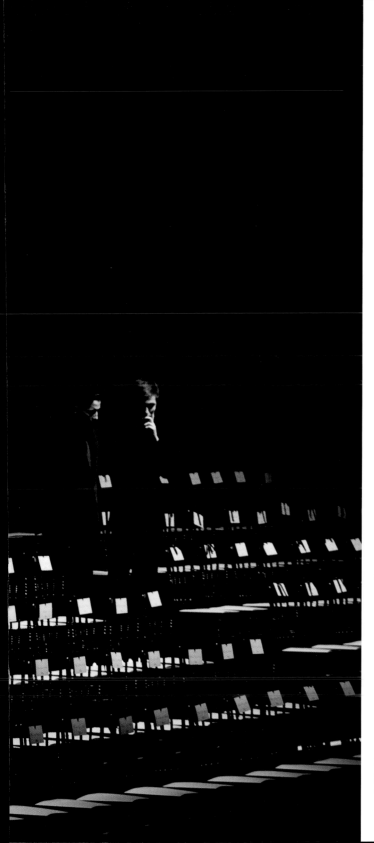

Publik machen

Im Büro ist ein kleiner violetter Umschlag angekommen. Auf ihm steht
mein Name in Goldbuchstaben und der
Name eines Designers, den ich nicht
kenne. Ich offne ihn, und es kommt
eine edel gestaltete Einladung zum
Vorschein. Ich lese den Namen noch
einmal und gebe ihn in Google ein. Auf
einer übersichtlichen und professionellen Website finde ich einen kleinen
Einblick in die erste Kollektion. Diese
Kleider mit einem Touch Romantik
könnten zum Stil unserer Zeitschrift
passen. Mit einer individuellen Einladung ist der Weg in die komplizierte
PR-Welt geschafft. Ich schreibe den
Termin in meinen Kalender; dieses
Debüt möchte ich nicht verpassen.

Backstage bei der Haute-Couture-Schau für
Frühjahr/Sommer 2009 von Dior. © Fotografie
von David Ramos.

Presse und PR

Ein Presseteam übernimmt die Aufgabe, das Label in der Öffentlichkeit darzustellen. Es erarbeitet Kommunikationsstrategien und stellt Fotos und Texte für die Presse bereit. Manche Designer beauftragen damit PR-Agenturen und nutzen deren Erfahrung und Kontakte. Andere möchten die Öffentlichkeitsarbeit lieber selbst in die Hand nehmen und bilden ein kleines PR-Team. Auch hier sind die Kosten ein entscheidender Faktor: Für die Arbeit einer PR-Agentur muss man pro Monat mindestens 1.200 Euro einkalkulieren.

Newcomer erledigen die Öffentlichkeitsarbeit meist selbst. Etablierte Designer beauftragen für ihre Modenschauen meist zweimal im Jahr einen PR-Berater, der die Medienpräsenz sicherstellt. Das PR-Team muss mit dem Designer und dem Produktionsteam eng zusammenarbeiten. Wenn das Presseteam alle nötigen Informationen gesammelt hat, erstellt es die Gästeliste, gibt die Einladungen in Auftrag, veröffentlicht eine Pressemitteilung über die Veranstaltung, schafft die technischen Voraussetzungen für die Medien, setzt Interviewtermine an, beauftragt einen Fotografen, hat Besprechungen mit den Models und möglicherweise mit Musikern für die Schau usw. Es geht darum, die Modenschau publik zu machen, über sie zu informieren, damit die Medien darauf aufmerksam werden.

Der Kommunikationsplan

Die Präsentation der Kollektion ist ein sehr wirkungsvolles Darstellungsmittel, das im Kommunikationsplan des Labels eine wichtige Rolle spielt. Wenn man die Zielgruppe vor Augen hat, fallen die Entscheidungen über Location, Art der Präsentation und Gästeliste leichter. Die Gestaltung der Modenschau und die Wahl der Models entscheidet

LINKS Blitzlichtgewitter für ein bekanntes Gesicht beim Einlass zur Haute-Couture-Schau Frühjahr/Sommer 2009 von Jean Paul Gaultier. © Fotografie von David Ramos. OBEN Ein Journalist macht sich Notizen auf einem Presseblock, der von Christian Lacroix für die Haute-Couture-Schau für Frühjahr/Sommer 2009 herausgegeben wurde. © Fotografie von David Ramos.

darüber, welche Medien sich für das PR-Material interessieren werden und welchem Publikum die Kollektion letztendlich vorgeführt wird.

Welche Magazine schließlich für die Zusammenarbeit infrage kommen, hängt davon ab, welchen Stil sie vertreten, wie häufig sie erscheinen, wie verbreitet sie sind und welche Lesergruppen sie ansprechen. Denjenigen Magazinen, deren Veröffentlichungen zur Kollektion passen könnten, sollte man Kontaktinformationen übermitteln. Dazu gehören auch eine Zusammenfassung der Modenschau, eine Foto-Collage von der Abschluss-Party oder ein anderer interessanter Hinweis, der die Redakteure dazu anregen könnte, in kommenden Ausgaben über das Label zu berichten. Magazine wie etwa das britische *Love*, die französische *Vogue* und die amerikanische *Nylon* haben sehr unterschiedliche Lesergruppen. Man muss also überlegen, welcher Kontakt sinnvoll ist. Die Aufmerksamkeit der etablierten Medien zu wecken kann für Newcomer schwierig und frustrierend sein. Am Anfang sollte man sich daher leichtere Ziele stecken. Wenn das PR-Material gut ist, sind Online-Magazine für noch unbekanntere Marken eine gute Möglichkeit, Medienresonanz zu erzielen. Die Online-Magazine *Hint Fashion Magazine*, *Refinery 29* oder *Style Bubble* haben ihren besonderen Fokus auf Jungdesigner gelegt. Herausgeber, Stylisten und Redakteure von Fachzeitschriften greifen häufig auf solche Quellen zurück.[1]

Neben Glück, einem guten Netzwerk und Ausstrahlung gehören natürlich Produkte, die werbewirksam sind und die Wünsche der Kunden erfüllen, sowie eine gute Präsentation zu den wichtigsten PR-Elementen. Den richtigen Weg zu finden ist nicht einfach. Dabei spielen viele Faktoren eine Rolle. Der Designer Christopher Kane hatte bei seinem Debüt Glück. Der Bericht des Moderedakteurs Stephen Doig über dessen erste Show begann folgendermaßen: „Es gibt Augenblicke in der Geschichte der Mode, die man miterlebt haben sollte."[2]

Daraufhin bekam der Designer Unterstützung durch NewGen, ein Mentorenprogramm des British Fashion Council, und auch Anna Wintour wurde auf ihn aufmerksam, als ein Artikel über Erfolg versprechende Modestudenten in der *Vogue* erschien.

LINKS Ivana Trump, links, in der ersten Reihe neben anderen Celebrities beim Beginn der Haute-Couture-Schau von Christian Lacroix. © Fotografie von David Ramos. OBEN Die Front Row wartet auf die Show von Bernhard Willhelm 2009. © Fotografie von Daniel Mayer.

Sofort nach der Schau trugen alle die engen Kleider von Christopher Kane. Kurz darauf stellte Donatella Versace ihn als Assistenten ein, und dann kam seine Kollektion für die große britische Modehandelskette Topshop. Übrigens entstand Kanes Interesse an Mode, als er John Gallianos Diplom-Schau im BBC sah.

Eine so steile Karriere gelingt jedoch nur sehr wenigen der talentierten und qualifizierten Modeabsolventen. Simon Doonan, Filialleiter von Barneys in New York, sagt mit Bedauern: „Die Modewelt leistet Studenten und Jungdesignern einen Bärendienst, wenn sie ihnen vorspielt, sie könnten mit einer großen Modenschau ein neuer Tom Ford werden."[3] Andere träumen davon, dass ihre Kleider einmal auf einem Cover der *Vogue* abgebildet

werden. Sie kennen jedoch ihre finanziellen Mittel und ihre Fähigkeiten und begnügen sich damit, ein kleines, solventes Unternehmen zu betreiben, das sich langsam, aber stetig entwickelt. Man muss sich überlegen, wie und mit welchen Mitteln man seine Kollektion veröffentlichen möchte. Der Avantgarde-Designer Bernhard Willhelm sagt nach einiger Erfahrung mit Modenschauen: „Am Anfang möchtest du es so machen wie alle. Du willst in diesen Modezeitschriften erscheinen, aber irgendwann merkst du, dass sie sich nicht für dich interessieren oder dass du etwas ganz anderes willst. Schließlich sagte ich mir: ‚Was soll's!' [...]. Und jetzt machen wir das, was uns gefällt. Wir haben auch mit Filmen und Installationen angefangen, da hat man mehr Freiheit."[4]

Die Gästeliste

Es ist nicht ganz einfach, eine Gästeliste zu erstellen. Zunächst muss man wissen, wie viele Zuschauer im gewählten Raum Platz finden. Daraus ergibt sich die Anzahl der Gäste. Die Liste muss stets aktualisiert werden. Damit sie möglichst ausgewogen ist, sollten alle Bereiche berücksichtigt werden – Presse, VIPs, Fotografen, Einkäufer, Kunden. Wenn die Präsentation während einer offiziellen Modewoche stattfindet, geben die Veranstalter meist selbst eine Liste der Journalisten heraus, die eine Akkreditierung beantragt haben.

Die Medienvertreter gehören zu verschiedenen Sparten: internationale und nationale Presse, Online- und Printmedien, Backstage-Fotografen, Fernsehteams und freie Journalisten. Der Designer bespricht mit dem Presseteam, wer eine schriftliche Einladung erhalten soll.

Nach der Akkreditierung erhalten die Journalisten Anstecker mit ihrem Namen und demjenigen des Magazins, für das sie arbeiten. Die Akkreditierung muss bei dem Veranstalter der Modenschau mehrere Wochen im Voraus beantragt werden. Sie ermöglicht es den Sicherheits-mitarbeitern und Ordnern, den Einlass möglichst zügig und reibungslos zu gestalten.

Andere Gäste sind Herausgeber, Redakteure, Einkäufer und Stammkunden des Labels sowie VIPs und andere Personen, die das Medienecho verstärken. Die Gäste erhalten gern eine handgeschriebene Einladung mit persönlicher Anrede. Wenn man jemanden sehr gut kennt, fügt man noch ein paar Zeilen hinzu. Viele Designer investieren einen beträchtlichen Teil ihres Budgets in erstklassige farbige Einladungen, mit denen sie die Adressaten überraschen und auf die Moden-

schau neugierig machen. Die Einladung sollte den Charakter der Kollektion und die Atmosphäre der Modenschau widerspiegeln, sie sollte die Fantasie anregen, in Erinnerung bleiben und Spannung erzeugen. Eine solche Einladung ist eine der bleibenden Erinnerungen an den großen Tag, und viele Moderedakteure, Studenten und Fans des Labels bewahren sie als Andenken auf.

Viele Modehäuser legen Wert auf eine kontinuierliche Zusammenarbeit mit einem Artdirector. Dadurch werden die Markenidentität und die Philosophie des Labels gefestigt, und es entsteht eine einheitliche visuelle Sprache für das Marketing – für Fotos, Lookbooks, Kataloge usw. Der Einladung kann man bei ausgewählten Gästen noch ein kleines Geschenk beigeben.

Das Label Maison Martin Margiela dachte sich für die Einladung zur Herrenmodenschau für Frühjahr/Sommer 2010 ein kleines Daumenkino aus, das beim Blättern ein Lächeln hervorzauberte. Für eine Dior-Homme-Modenschau gab es eine elegante Einladung in minimalistischem Stil: schwarze, schlichte Schrift mit den nötigsten Informationen auf einer Karte. Der Umschlag trug als Prägung in großen, fett gedruckten Lettern den Titel der Kollektion: Cold Love. John Galliano ließ sich von alten Postkarten inspirieren; er gestaltete eine Einladung mit seinem Namen in Stempelschrift und auf Zeitungsausschnitten. Prada übernahm für die Einladungen Ausschnitte aus der Wanddekoration für die Modenschau: Sie bestand aus Kommentaren von männlichen Stars.

OBEN Geschenk von Tsumori Chisato für die Gäste der Frühjahr/Sommer-Modenschau 2009 in Paris. © Fotografie von Mathias Wendzinski mit freundlicher Genehmigung von Eyesight. RECHTS Die Ordner stehen bereit für die ersten Gäste der Haute-Couture-Schau von Christian Lacroix. © Fotografie von David Ramos.

Die Labels verfolgen meist eine bestimmte Linie und verwenden wiederkehrende Elemente, sodass man beim Öffnen der Einladung bereits auf den Absender schließen kann. Umschläge, Papier und Schrift werden passend zum Image des Unternehmens sorgfältig ausgesucht.

Die Einladung muss kreativ sein, zum Label passen und professionell gestaltet sein. Es ist sinnvoll, einen Grafikdesigner damit zu beauftragen. Nicht die kleinste Information darf fehlen – ist die Einladung erst einmal gedruckt, ist es zu spät. Natürlich müssen die wichtigsten Angaben, wann, wo, was stattfindet, enthalten sein. Auch die Kontaktinformationen für die Presse sowie für Zusagen müssen erwähnt werden.

Mit einfarbigem Druck, Stempeln oder günstigem Papier kann man Kosten sparen. Für manche Designer gibt es ein simples Kriterium für die richtige Einladung: „Wenn ich die Karten für meine Modenschauen entwerfe, schreibe ich Suzys [Menkes] Namen auf den Testbogen. Wenn das gut aussieht, weiß ich, dass ich die Einladungen losschicken kann", sagt Alber Elbaz, Chefdesigner von Lanvin.[5]

Für große Labels wie Lanvin lohnt es sich, eine Pressekonferenz abzuhalten. Schwierig wird es bei der Frage, wen man dazu einlädt und wen nicht. Für Newcomer ist es eine große Herausforderung, Medienpräsenz zu erzielen und ein passendes Publikum zu finden. Normalerweise werden 70 Prozent der Einladungen schlichtweg ignoriert. Und von den 30 Prozent, die zusagen, erscheint etwa ein Drittel nicht.

Die Wahl der Location für die Modenschau kann entscheidend sein. Manchmal weiß man jedoch nicht, was besser ist – denselben Tag wie die großen Marken zu wählen und ein paar Medienleute abzufangen, oder einen anderen Termin wählen, der mit keinem anderen Event konkurriert. Wenn die Einladungen abgeschickt sind, sollte man nachhaken und die Gäste, die sehr wichtig sind, telefonisch an die Veranstaltung erinnern. So lässt sich ermitteln, wie viele Besucher tatsächlich zur Schau kommen werden.

Neben der Gästeliste sollte man auch eine Liste mit den Medien und Personen anlegen, die über eine Pressemitteilung von der Veranstaltung erfahren sollen. Alle, die an der Modenschau Interesse haben könnten, sollten davon erfahren. Die Redakteure

erhalten jede Woche Hunderte Pressemitteilungen und haben häufig keine Zeit, sich damit zu beschäftigen.

Der Sitzplan

Im Sitzplan wird festgelegt, wer im Publikum welchen Platz bekommt. Der Plan wird anhand der Anmeldungen erstellt und erfordert viel diplomatisches Geschick. Bei den Modenschauen der großen Marken sind die ersten Reihen den wichtigsten Journalisten und Einkäufern vorbehalten sowie den Prominenten. Bei Modenschauen in Paris ist die Sitzordnung klar vorgegeben.

Zu beiden Seiten des Laufstegs gibt es reservierte Bereiche für VIPs, Verleger, Redakteure und Einkäufer, für die französischen Journalisten, für die amerikanischen und britischen, für die japanischen und italienischen. In den hinteren Bereichen, bei den Fernsehkameras, sind weitere Reporter aus Europa positioniert. Die besten Plätze werden den Journalisten der einflussreichsten Medien zugewiesen. Mark Tungate berichtet: „Modejournalisten möchten unbedingt in der ersten Reihe sitzen, damit sie die Kleider richtig sehen können – auch die Schuhe. Im Vertrauen

geben sie jedoch zu, dass es nicht nur um Professionalität, sondern auch um Status geht."[6]

Das Presseteam erstellt Namenskarten, die auf die Sitzplätze für die wichtigen Personen gelegt werden, damit bei Einlass keine Unruhe entsteht. Die verschiedenen Bereiche – Presse, VIPs und Gäste – werden ebenfalls gekennzeichnet. Eine gute Koordination im Team ist dabei sehr wichtig, da Gästeliste und Sitzordnung bis zur letzten Minute aktualisiert werden und alle ihren Platz haben müssen, wenn die Modenschau beginnt. Eine Person im Presseteam ist für

Dior

LINKS Ein Pressedossier für eine Modenschau von Christian Dior. © Fotografie von Gerard Estadella. **RECHTS** Ein Schnappschuss mit Masha Novoselova backstage bei der Modewoche Cibeles in Madrid, mit dem Mónica P. für ihren Blog Miss at la Playa wirbt.

die Sitzordnung zuständig. Ihre Hauptaufgabe besteht darin, die Beziehungen der verschiedenen Gäste im Blick zu haben: In welcher Position befinden sie sich, wer versteht sich mit wem gut, wer steht in Konkurrenz zueinander? Wenn man darauf Rücksicht nimmt, lassen sich unangenehme Situationen vermeiden.

Inzwischen sind Blogger, die im Internet regelmäßig eine große Leserschaft erreichen, selbst zu kleinen Stars geworden. Sie sind Meinungsmacher, deshalb sollte man über diese neuen Profile auf dem Laufenden bleiben und sie in die Liste aufnehmen. Einige

Designer berücksichtigen dieses Phänomen, und einige Medien wie *Women's Wear Daily* meinen: „Blogger gehören inzwischen in die erste Reihe." Bei der Modenschau von Dolce & Gabbana saßen die Blogger Brian Boy, Tommy Ton, Scott Schuman und Garance Doré tatsächlich in der ersten Reihe neben Anna Wintour und Suzy Menkes.

Das Pressedossier

Neben den Einladungen ist auch das Pressedossier zu erstellen, eine Mappe, die den Gästen überreicht wird. Sie enthält üblicherweise eine Pressemitteilung über

die Kollektion und Bildmaterial auf CD oder USB-Speicher, damit die Journalisten neben ihren eigenen Notizen auf weiteres Material zurückgreifen können. Die klar formulierte Mitteilung sollte nicht mehr als eine Seite umfassen und mit folgenden Elementen aufgebaut sein: eine Überschrift mit Saison und Name der Kollektion, ein erster Absatz, der den Inhalt der Pressemitteilung zusammenfasst, und ein Text, der die wesentlichen Elemente der Kollektion beschreibt – Idee, Materialien und Zielgruppe. Die Moderedakteurin Sarah Cristobal von *StyleList* erklärt:

„Die Pressemitteilung spiegelt das zu vermarktende Produkt wider. Sie muss sorgfältig ausgearbeitet sein und darf keine Fehler enthalten. Pressemitteilungen müssen perfekt und aus einem Guss sein."

Die Fotografen

Unverzichtbar ist ein guter Fotograf, der die Modenschau festhält und bereits Erfahrung in diesem Bereich hat. Die Fotos werden der Presse und den Einkäufern überreicht und für das Lookbook und die Website verwendet. Der Fotograf muss genaue Anweisungen dazu erhalten, ob man Ganzkörper- und Nahaufnahmen mit Details von Stoffen oder Accessoires möchte oder nur Ganzkörperaufnahmen der gesamten Produktion. Je besser die Fotos, desto größer die Medienresonanz.

Persönliche Interviews

Vor oder nach der Schau möchte die Presse häufig den Designer interviewen und aus erster Hand etwas über die Kollektion erfahren. Diese Interviews werden vom PR-Team koordiniert und sind für beide Seiten von Nutzen. Am Tag der Modenschau ist der Designer sehr beschäftigt und kann sich nur wenig Zeit nehmen. Man muss also gut auswählen.

Neue Kommunikationsmittel

Neben herkömmlichen Pressemitteilungen werden auch soziale Netzwerke wie Facebook oder Twitter immer stärker genutzt, um ein größeres Publikum zu erreichen. Normalerweise erstellt das Presseteam die Verteilerliste; im Internet abonnieren die Nutzer den Newsletter und entscheiden selbst, welche Infos sie erhalten möchten. Das Verhältnis zwischen den Unternehmen und den potenziellen Kunden hat sich mit den neuen Medien verändert.

© Greg Kessler

Sonny Vandevelde

Fotograf
www.sonnyphotos.typepad.com

Der in Australien aufgewachsene Fotograf Sonny Vandevelde bereist mit seiner Kamera alle wichtigen Modestädte und verschafft damit interessante Einblicke hinter die Kulissen der Modenschauen von Designern und großen Labels. Mit Dynamik und Begeisterung für Mode gelingt es ihm überall, den schönsten Models ein Lächeln zu entlocken und im Bild festzuhalten. Seine spontanen Fotos zeigen die führenden Kollektionen aus einer anderen Perspektive. Er hat einen eigenen Blog und arbeitet für die Online-Zeitschrift *Hint Fashion Magazine*, die jede Saison eine Auswahl seiner Bilder veröffentlicht sowie für den Blog der Journalistin Diane Pernet.

Was ist ein Backstage-Fotograf?
Ein Backstage-Fotograf bleibt im Hintergrund und zeigt die Vorbereitungen für eine Modenschau: Glamour, Spaß und harte Arbeit. Ich möchte vor allem den Spaß dabei zeigen.

Wie fing alles an?
Ich war als Modefotograf zu einer Show eingeladen und konnte es kaum erwarten, die Models, die ich zum Teil kannte, feierlich den Laufsteg entlanglaufen zu sehen. Um mir die Zeit zu vertreiben, machte ich backstage Aufnahmen. Einige Redakteure fanden das Ergebnis gut und wollten mehr davon.

Sie scheinen Ihre Arbeit richtig zu genießen.
Also, das muss ich vorweg sagen: Ich verdiene nicht viel dabei. Es ist eher ein Hobby. Ich liebe Mode, und es ist für mich einfach das Tollste, mitten unter den besten Visagisten, Hairstylisten, Stylisten und Models und den neuesten Kollektionen zu sein! Ich bin schon viele Jahre backstage dabei, und auf dem Weg zur ersten Modenschau der Saison habe ich immer noch Schmetterlinge im Bauch, da bin ich richtig aufgeregt.

Welche Backstage-Situation war für Sie bisher die stressigste?

„Die besten Shows folgen keinem Trend, sondern bestimmen ihn."

Welche Motive suchen Sie sich backstage?
Lustige und verrückte Szenen, wenn die Models ausgelassen sind. Ich mag auch Schnappschüsse vom hektischen Treiben, wenn noch schnell etwas geändert werden muss.

Am schlimmsten ist es, wenn die PR-Leute gestresst sind ... Aber wozu? Es macht nur das restliche Team verrückt. Ich hasse Stress, ich hasse schon das Wort. Es ist gar kein richtiges Wort, es ist eine Erfindung der Neunzigerjahre! Ich sage lieber überarbeitet, müde, alle Hände

Backstage-Aufnahmen von Vandevelde. **OBEN** Tao Okamoto, Zina Zinovenkova und im Hintergrund Designer Alexandre Herchcovitch in den letzten Minuten vor der Herbst/Winter-Schau 2009. © Fotografie von Sonny Vandevelde. **UNTEN** Herumalbernde Models vor der Show von Bernhard Willhelm. **NÄCHSTE SEITE** Kinga Rajzak und Daul Kim bei der Modenschau von Rodarte.

... Die besten Präsentationen sind die der alten Designerriege, die schon viele erfolgreiche Schauen hinter sich hat. Kurz bevor es losgeht, sind sie ganz entspannt.

Und die verrückteste Situation?
Verrückt im wahrsten Sinn des Wortes sind die Shows von John Galliano. Da stecken so viele Emotionen, Kreativität und Energie drin ... Einfach toll.

Kann man den Erfolg einer Kollektion hinter der Bühne erahnen?
Ja, aber darauf achte ich nicht. Ich versuche, mich auf die Models zu konzentrieren, auf die Beleuchtung und die Ausstattung. Ich stelle mir vor, wie das auf den Fotos wirkt. Wenn sich die Models aufstellen, kurz bevor es losgeht, schaue ich mir alle Outfits an und suche mir eines heraus, das mir besonders gefällt. Sehr selten bin ich ohne ein Foto wieder weggegangen. Es kam vor, aber nicht oft. Ich finde, auch bei der schlechtesten Kollektion kann man noch etwas Tolles finden.

Welche Modenschauen finden Sie am interessantesten?
Die, die nicht auf die große Masse ausgerichtet sind, die eine Vision, eine originelle Idee zeigen, die keinem Trend folgen, sondern ihn bestimmen; und die mit guten Models.

Die Big Four sind New York, London, Mailand und Paris. Was mögen Sie an den einzelnen Modestädten am meisten?
Paris ist etwas ganz Besonderes, dort gibt es alles: die Luxusmodehäuser, die großen Marken, die kleinen Labels und neue Talente. New York ist die werbewirksamste Stadt mit den meisten Prominenten. Und ehrlich gesagt, mag ich es nicht, wenn die Promis die Show an sich reißen. Bei manchen Modenschauen – das passiert auch in Berlin – scheint alles auf die Celebrities zu blicken. So sollte es nicht sein. Das Beste an New York ist, dass man zu jeder Zeit überall etwas Gutes und Gesundes zu essen findet – mitten in der Nacht nach der Schau, wenn noch viel Arbeit auf dich wartet; in Paris ist das eher schwierig. Daneben habe ich auch in Stockholm gute Erfahrungen gemacht und würde gern einmal nach Dänemark reisen. Und Sydney habe ich natürlich auch immer auf meiner Liste.

Was braucht eine Modenschau, um herausragend zu sein?
Originalität, gute Musik, die besten Make-up- und Stylingkünstler, die man sich leisten kann; einen begabten Besetzungschef, der gute Models aussucht ... und mich natürlich, um das Geschehen backstage festzuhalten.

Der große Tag

Sechs anstrengende Monate Arbeit konzentrieren sich in dieser so kurzen Präsentation, die von neugierigen, gelangweilten und kritischen Blicken begleitet und bewertet wird. Der große Tag ist da, und die wichtigsten Details sind geklärt. Jetzt heißt es, alles im Blick zu behalten und gleichzeitig der Schau ihren Lauf zu lassen. Nach 15 Minuten ist alles vorbei. Applaus, ja tatsächlich, Applaus. Anscheinend hat es dem Publikum gefallen. Du gehst auf den Laufsteg und winkst der Menge zu. Auf dem Rückweg fällt dir in der ersten Reihe eine Frau mit einem extravaganten Hut auf. Du denkst: Nächste Saison sind es Hüte, ganz viele Hüte. Und schon geht alles wieder von vorn los.

In einer von der Produktionsfirma Villa Eugénie stimmungsvoll gestalteten Wildwestszene modelt Naomi Campbell für die Frühjahr/Sommer-Schau 2009 von Hermès. © Fotografie von By2photographers mit freundlicher Genehmigung von Villa Eugénie.

Die Spannung steigt

Heute findet die Modenschau statt. Ein paar Tage zuvor gibt eine kleine Pressenotiz eine Vorschau auf die Präsentation. Ob es die Models sind, die Art der Kleider oder die Gruppe, die den Soundtrack gestaltet: Mit gezielten Informationen kann man Erwartungen wecken und die Unentschlossenen noch zum Besuch der Schau motivieren.

Der Laufstegregisseur weist den Mitarbeitern schon früh am Morgen die Einsatzbereiche zu, und diese halten auf einem großen Stück Pappe Laufpläne und Anweisungen für die Models fest. Die Techniker beeilen sich, Beleuchtung und Scheinwerfer anzubringen, damit der Lichtgestalter die ersten Tests durchführen kann. Mit dem Fotometer misst er die Intensität und die Farbe des Lichts.

Backstage

Hinter der Bühne ist am meisten zu tun. Als Erstes muss alles für die Hairstylisten und Visagisten, für die Models und Stylisten eingerichtet werden, damit diese problemlos arbeiten können. Sie brauchen genügend Platz für ihre große Ausstattung.

Pat McGrath, der Visagist für das exotische und farbenfrohe Make-up für Prada, Miu Miu und Comme des Garçons, ist dafür bekannt, mit mindestens 60 Materialkoffern anzurücken. Nach einigen Tagen, an denen verschiedene Looks ausprobiert werden, hat sich der Visagist mit dem Designer auf ein bestimmtes Make-up für die Schau geeinigt. Dann wird geübt, um das gewünschte Resultat zu erzielen. Für die meisten Schauen werden zwei Looks gestaltet; manchmal ist die Arbeit

LINKS Weiß ist das Markenzeichen des Labels Maison Martin Margiela, und passend dazu wählte Villa Eugénie 2007 dieses Szenenbild für die Frühjahr/Sommer-Schau. © Fotografie von By2photographers mit freundlicher Genehmigung von Villa Eugénie. OBEN Glamouröses Schuhwerk – Models warten auf den großen Auftritt. © Fotografie von Clive Booth.

LINKS OBEN Ein Model liest, während es für Dior frisiert wird. © Fotografie von David Ramos. LINKS UNTEN Der Hairstylist arbeitet an einer Frisur für die Haute-Couture-Schau Frühjahr/Sommer 2009 von Jean Paul Gaultier. © Fotografie von David Ramos. RECHTS Zwei Anziehhilfen verleihen dem Kleid, das Romina Lanaro bei der Herbst/Winter-Schau von Hussein Chalayan trägt, den letzten Schliff. © Fotografie von Sonny Vandevelde.

aber noch komplexer. Für John Galliano kreiert Pat McGrath meist viele verschiedene Make-ups, die mehrmals getestet werden. Der Designer schaut sich die Ergebnisse an und gibt ein paar Tipps. Dem *Time Magazine* sagte McGrath: „Es ist fantastisch, wenn dich der Designer in seine Vorstellung eintauchen lässt."[1]

Die Models werden etwa vier Stunden vor der Modenschau bestellt, das hängt davon ab,

DIESE SEITE Bilder aus dem Online-Magazin *Backstage Magazine*, das unter www.backstage-mag.com erscheint. Artdirector und Fotos: Christina Mayer und Daniel Mayer. Im Uhrzeigersinn von oben links: drei Fotos der Schau von Bernhard Willhelm, das Cover für die Bless-Show Nr. 31, das Cover der Modenschau von Tsumori Chisato und die Doppelseite mit einer Aufnahme hinter den Kulissen; mittleres Bild: Pamela Anderson auf dem Titelblatt für die Herbst/Winter-Modenschau 2009 von Vivienne Westwood. © Fotografie von Daniel Mayer.

Polaroid-Aufnahmen der Outfits für die Fisico-Modenschau in Mailand. © Fotografie von Eric Oliveira.

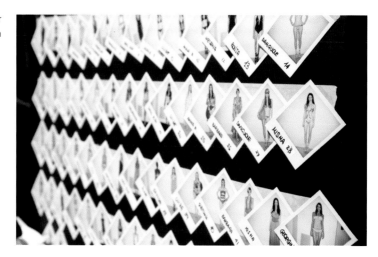

wie kompliziert Make-up, Frisur und Outfit sind. Bei den Anproben an den Tagen zuvor wird getestet, wie viel Zeit für das Schminken, Frisieren und Ankleiden jeweils nötig sind. Die Hairstylisten und Visagisten werden so koordiniert, dass sie die 20 bis 30 Models möglichst schnell zurechtmachen können. Während Kämme und Bürsten herumwirbeln, packen die Anziehhilfen die Kleider aus, bügeln sie und hängen sie auf die Kleiderstangen für die jeweiligen Models. Auf einem Stück Karton, das an der Stange hängt, ist der Name des Models festgehalten, und Ganzkörperfotos – Polaroids oder Digitalaufnahmen – zeigen die Outfits. Zusätzlich gibt es noch wichtige Erklärungen und gegebenenfalls Fotos der Accessoires: Ohrringe, Taschen, Strumpfhosen und Schuhe. Ein

oder zwei Personen helfen dem Model beim Ankleiden und nehmen, wenn nötig, schnell und gekonnt Änderungen vor.

Inmitten der fieberhaften Geschäftigkeit geht jemand durch die Reihen und hält die typischen Szenen fest: der Backstage-Fotograf. Greg Kessler zum Beispiel lässt keine Gelegenheit aus und fotografiert seit seinem 15. Lebensjahr Kollektionen in ihrer natürlichen Umgebung. Ihn faszinieren die „Verwandlung und das heillose Durcheinander: Da sind so viele hervorragende Leute, die, alle auf einem Haufen, einzig und allein daran arbeiten, das perfekt darzustellen, was das Publikum und die Modewelt zu sehen bekommen – das ist einfach irre."[2] Diese Fotos werden Monate später in Spezialbeilagen verwendet, in denen Modezeitschriften die Schauen der Saison

vorstellen. Seine Fotos erscheinen regelmäßig in Magazinen wie *Style.com*, *The New York Times*, *Number* und *Elle*. In der hektischen Betriebsamkeit strahlt ein Backstage-Fotograf meist Gelassenheit aus und wirkt beruhigend auf alle Beteiligten.

Sonny Vandevelde gewinnt überall die Sympathie der Models und fängt mit seiner Kamera Gefühle wie Panik, Aufregung, Spannung, Vorfreude und Stress hautnah ein. Vandevelde ist ständig auf Reisen und fotografiert bei den großen Modenschauen, aber auch bei weniger bekannten Designern. Die Modejournalistin Diane Pernet veröffentlicht viele seiner Fotos in ihrem Blog. Sie bilden einen starken Kontrast zur offiziellen Seite der Schau, der Atmosphäre auf dem Laufsteg.

Daniel und Christina Mayer sind die Gründer des Online-

Magazins *Backstage Magazine*. Daniel Mayer hat sich als Fotograf auf Porträts spezialisiert und Christina Mayer ist Grafikdesignerin. Sie sammeln Motive bei Designern wie Tsumori Chisato, Bless, Valentino und Vivienne Westwood und halten alles fest, was vor einer Modenschau hinter den Kulissen passiert. Sie machen Aufnahmen in einem Bereich, der als besonders anspruchsvoll gilt: „Die Vorbereitungen backstage sind angespannte, vertrauliche Momente, wo alle im Team ihr Bestes geben."

Der Probelauf

Einige Stunden nach der Freigabe für die Schau naht einer der wichtigsten Punkte des Tages: der Probelauf. Dabei stellt sich heraus, ob die Produktion wie am Schnürchen läuft: die Reihenfolge der Outfits, die Choreografie

der Models, die Beleuchtung und die Musik – alles muss perfekt koordiniert sein. Bei dieser Gelegenheit kann man den Models noch Anweisungen geben. Sie sind zwar erst zur Hälfte fertig, ziehen aber schon Schuhe mit hohen Absätzen an, um den Auftritt in ein paar Stunden möglichst realistisch zu proben. Für eine harmonische Choreografie ist es wichtig, dass die Models ihre Modestrecke auf die Musik abstimmen. Meist findet der Probelauf am selben Tag oder am Tag vorher statt. Manche Designer führen aber auch mehrere Probeläufe durch. John Galliano perfektioniert die Choreografie drei Tage vor der Schau. Die japanische Designerin Rei Kawakubo von Comme des Garçons, Issey Miyake und Yohji Yamamoto lassen vor einer Modenschau bis zu drei Probeläufe absolvieren.[3]

Die Aufstellung

Nach den Probeläufen von einer halben bis einer Stunde beginnt wieder die Hektik hinter der Bühne. Eine halbe Stunde vor der Schau haben die Models ihr erstes Outfit an, und die Anziehhilfen nehmen letzte Änderungen daran vor. Der Designer überprüft, ob die Anweisungen genau beachtet wurden und ob alles perfekt ist: Make-up, Frisur, Accessoires usw. Alles muss so aussehen, wie der Modeschöpfer es sich vorgestellt hat. Die Models stellen sich in der Reihenfolge auf, in der sie auf den Laufsteg gehen, und der Stage Manager erinnert sie an wichtige Punkte der Choreografie.

Die Fotografen

Weit ab von der Hektik hinter den Kulissen richten sich die Modefotografen im Saal Stunden vor

der Schau an ihren reservierten Plätzen ein. Mit Klebebändern markieren sie ihren Bereich, und die Assistenten halten die Stellung, bis die Fotografen ein paar Minuten vor der Modenschau in Ruhe ihren Platz einnehmen. In den meisten Artikeln werden sie überhaupt nicht erwähnt, doch sind die Fotografen die eigentlichen Stars des Abends: Erst durch sie gelangt der Zauber der Kollektionsschauen in die bekannten Modemagazine. Der Produzent Alexandre de Betak ist davon überzeugt, dass die Position der Fotografen bei der Planung des Laufstegs und der Sitzordnung ganz wesentlich ist, weil sie darüber entscheidet, welches Bild von der Schau später in den Medien erscheint: „Ich versuche, fotogene Events zu gestalten. Das ist das Ziel des Set-Designs: Dem Label so viel Medienresonanz wie möglich zu verschaffen."[4] In ihren Anfängen war die Modenschau selbst ein Werbeträger, und das Fotografieren war verboten, weil man Nachahmer befürchtete. Von den extravaganten und sorgfältig konzipierten Modenschauen der Modeschöpferin Elsa Schiaparelli in den Dreißigerjahren sind nur schriftliche Aufzeichnungen erhalten, weil Fotografen keinen Zutritt zu ihren Präsentationen erhielten. Die Rolle des Fotografen bei Modenschauen war nie klar geregelt. Daher legten einige Modeunternehmen die Bedingungen und die Verwendung der Bilder im Hinblick auf ihre Geschäfts- und Medieninteressen selbst fest.[5] Manche Fotografen sind auf Werbung spezialisiert und lichten die vorbeiziehenden Models von allen Seiten ab: Sie machen Nahaufnahmen, Fotos von der Rückansicht und den Details. Einige wenige Agenturen beherrschen den Markt für Laufstegfotos. Die von Marcio Madeira gegründete Agentur Zeppelin mit Büros in Paris und New York arbeitet für *Style.com* und betreibt die Website *firstview.com*, über die sie Fotografien von Modenschauen anbietet. Sie bezeichnet sich als das „weltweit größte Bildarchiv mit derzeit 3.377.875 Modefotos, Videos und mehr".

Maria Valentino, die für die Firma arbeitet, erklärt, dass das Fotografieren einer Modenschau nicht so einfach ist, wie es aussieht: „Man braucht phasenweise sehr gute Kondition und Konzentration. Eine Modenschau dauert zwar nur etwa 15 Minuten, trotzdem sind es häufig lange Arbeitstage mit 12 bis 16 Stunden. Eine Show gut fotografieren, das kann fast jeder. Aber 50 Shows

hintereinander gut zu fotografieren, das ist etwas ganz anderes."[6]

Die erste Reihe

Das Privileg, in der ersten Reihe zu sitzen, ist den renommiertesten Redakteuren, Verlegern, VIPs und Einkäufern vorbehalten. Kurz vor der Schau veranstalten die Gäste gewissermaßen ihre eigene Modenschau im Eingangsbereich der Location. In ihren schönsten Outfits warten sie geduldig auf den Einlass.

Für seinen Blog Jak & Jil hält Tommy Ton am Eingang zu den Schauen mit seiner Kamera den Look der Moderedakteure fest.

LINKS Der Designer Walter Van Beirendonck, ganz links am Bildrand, sieht sich die Kreationen von Bernhard Willhelm für die Frühjahr/Sommer-Kollektion an. © Fotografie von Gerard Estadella. **RECHTS** In der Bildmitte Kate Lanphear, Chefredakteurin der amerikanischen *Elle*, in der Front Row bei der Modenschau von Jeremy Scott, Herbst/Winter 2009. © Fotografie von Gerard Estadella.

Trends sind vor den Toren der Location genauso zu sehen wie auf dem Laufsteg, und sein Blog mit Fotos ausgesuchter Looks ist dafür ein gutes Beispiel.

Suzy Menkes, seit 20 Jahren geliebte und gefürchtete Modekritikerin der *International Herald Tribune*, hat bei allen interessanten Modenschauen einen Platz in der ersten Reihe. Designer Alber Elbaz berichtet, dass eine Schau erst beginnt, wenn Menkes ihren Platz eingenommen hat. Sophia Kokosalaki erinnert sich: „Als sie zum ersten Mal zu meiner Show kam, wusste ich, dass ich nun wirklich Designerin bin."[7]

Menkes lebt für „diese Momente, wenn man spürt, dass nach dieser Schau nichts mehr so sein wird wie vorher"[8]. Man kennt sie, voll konzentriert mit ihrem Laptop auf den Knien, wenn sie auf den Beginn einer Modenschau wartet und während der Schau Notizen macht. Ihre Kritik ist für die Designer wichtig, und sie warten

ungeduldig auf ihr Urteil. In der Nacht nach seiner Modenschau kann der Lanvin-Designer Alber Elbaz oft nicht einschlafen: „Wenn wir Designer eine gute Kollektion machen, freut sich Suzy für uns, und wenn wir eine schlechte präsentieren, scheint sie fast wütend zu werden."[9]

Manche Modeschöpfer weigerten sich nach einer negativen Besprechung einige Saisons, Menkes zu ihren Schauen zuzulassen. Aber Zeit heilt alle Wunden, und man muss als guter Verlierer auch Tadel einstecken können. Miuccia Prada gibt in einem Interview zu, auf die Modekritik zu achten: „Ich glaube, es ist niemandem egal, wie die Kritik ausfällt, aber es kommt darauf an, wie man damit umgeht. Sie bedeutet mir etwas, weil ich ein Mensch bin, aber das heißt noch lange nicht, dass ich nur auf Anerkennung aus bin."[10]

Für die verschiedenen Gruppierungen im Publikum, wie für

Verleger, Prominente, Einkäufer oder sonstige Gäste, gibt es der Sitzordnung entsprechend unterschiedliche Eingänge. Die Ordner und das PR-Team sorgen dafür, dass die Gäste schnell ihre Plätze finden, wenn sie im Saal angekommen sind. Namenskärtchen auf den Plätzen erleichtern die Suche. Für den Fall, dass geladene Personen nicht erscheinen oder die Schau später anfangen muss, weil noch auf Besucher anderer Schauen gewartet werden muss, ist es für das PR-Team wichtig, dass die vollständige Gästeliste vorliegt. Eine Modenschau beginnt selten pünktlich. Das Publikum lang warten zu lassen zeugt jedoch von mangelnder Professionalität. Mehr als zehn bis fünfzehn Minuten sollten es nicht sein.

Die Show kann beginnen

Die Models haben sich aufgestellt und warten hinter der Bühne auf ihr Signal. Alle Gäste sitzen im

Saal. Die verschiedenen Bereiche müssen sich perfekt abstimmen über den Start. Meist wird die Beleuchtung ausgeschaltet, und im Saal wird es still. Der Stage-Manager gibt ein Zeichen, und das Eröffnungsmodel erscheint. Hinter der Bühne ist ein Monitor aufgebaut, auf dem der Designer und das Produktionsteam den Ablauf mitverfolgen können. Das erste Model läuft zurück zur Anziehhilfe und schlüpft in kürzester Zeit wieder in ein neues Kleid. Visagist und Hairstylist nutzen die Gelegenheit, um letzte Details zu perfektionieren. Draußen wird die konzentrierte Stimmung nur

durch den Beifall unterbrochen, und die Gäste bestaunen die Models und Kleider, die sich zum Rhythmus der Musik und zum Blitzlicht der Fotografen bewegen. Die Redakteure machen Notizen. Model Nummer eins, drei, zwölf, achtzehn, fünfundzwanzig ... und bereits 15 Minuten später verschwindet das letzte Model schon wieder hinter der Bühne. Die Musik klingt aus, und alle Models kommen hintereinander oder als Gruppe wieder auf den Laufsteg und bedanken sich beim Publikum. Auch der Designer tritt auf, mit oder ohne Models, geht den Laufsteg entlang oder winkt nur zurückhaltend. Das hängt von seiner Persönlichkeit ab. Das Publikum möchte jedoch meist gern den kreativen Kopf hinter der Kollektion sehen.

Und danach ...

Wenn die Kollektion gut angekommen ist, machen sich nach der ganzen Anstrengung Begeisterung und Erschöpfung breit. Die Gäste verlassen den Saal, die Models schminken sich ab, ziehen sich um und gehen zur nächsten Schau. Presseleute bedrängen den Designer, der noch voller Eindrücke und Emotionen ist, mit Fragen. Einer der interessantesten Momente einer Dokumentation von Loïc Prigent über eine Modenschau von Marc Jacobs für Louis Vuitton ist die Szene, als der Designer nach der Modenschau völlig erschöpft mit seinem Geschäftspartner Robert Duffy im Taxi sitzt und sagt: „Ich gebe nichts auf das, was die Leute sagen", dann folgt ein Schnitt und man sieht viele Leute, die ihm gratulieren. Im Auto sinniert Jacobs weiter: „Eine ist zu Ende, die Nächste beginnt."

Die Kritik

Am Tag darauf beginnt man, anhand der Kritiken in den Tageszeitungen und im Internet den Erfolg der Modenschau zu bewerten. Manche Labels müssen sich noch gedulden, weil sie vielleicht nur in der Fachpresse erwähnt werden, deren Publikationen oft nur monatlich erscheinen. Jetzt ist der richtige Zeitpunkt für Selbstkritik. Man bespricht mit dem ganzen Team, welche Schwachstellen es gab, und was man zukünftig noch verbessern könnte.

Auch bei den Modenschauen mit den größten Budgets, der intensivsten Vorbereitung und den besten Models gibt es Missgeschicke und Fehler. Aber genau das macht den Charme einer solchen Präsentation aus, die nach sechs Monaten Vorbereitung auf Anhieb gelingen muss.

Laird Borrelli

Moderedakteurin
www.style.com

Laird Borrelli-Persson ist Chefredakteurin bei *Style.com*, dem Online-Magazin von *Vogue* und *W Magazine*. Schon früh entdeckte sie ihre Leidenschaft für Mode und erwarb ein Master-Diplom in Modegeschichte am Fashion Institute of Technology in New York. Als Moderedakteurin schreibt sie auch Bücher zum Thema; zuletzt veröffentlichte sie *Fashion Drawings by Fashion Designers*. Mit ihrem Team von *Style.com* besucht Laird die Schauen in allen wichtigen Modestädten – das sind für sie Wochen mit wenig Schlaf, um bei allen Veranstaltungen dabei zu sein und innerhalb von 24 Stunden darüber zu berichten.

Eine Auswahl von Outfits, die von verschiedenen Models einem ausgewählten Publikum vorgeführt wird. Einige Designer wie Yves Saint Laurent, Hussein Chalayan, John Galliano für Christian Dior und Marc Jacobs haben mit ihren Modenschauen Geschichte geschrieben.

Welche fünf Hauptfaktoren tragen zum Erfolg einer Modenschau bei?

Alle Faktoren spielen bei einer Schau zusammen: Die Teamarbeit, die Models, die künstlerische Leitung usw. In einem professionellen Team tragen

Was ist während einer Saison Ihre Aufgabe als Redakteurin für das Online-Magazin Style.com?

In jeder Saison versuche ich, mit meinen Kollegen alle Modenschauen zu besuchen. Ich bemühe mich, objektiv zu sein und meinen persönlichen Geschmack hinter das kreative Schaffen der Designer zu stellen. Bei der Bewertung einer Modenschau berücksichtige ich, ob die Kollektion im Einklang steht mit dem Gesamtwerk des Designers und ob sie zum Thema der Saison passt. Das sind die Outfits, die den Trend bestimmen und auf

Style.com kann man dann innerhalb von 24 Stunden Kritiken und Bilder zu den Schauen finden. Ich bin die ganze Woche damit beschäftigt, in Taxis zu steigen und mir die Namen der Models zu notieren, damit ich sie nicht durcheinanderbringe.

Wie müssen die Einladungen aussehen, damit Sie die Schau eines Designers besuchen?

Es gibt viele verschiedene Arten von Einladungen zu Modenschauen. Damit präsentiert der Designer bereits den Charakter seiner Kollektion; von der Qualität der Einladung hängt es ab, ob man sich eine Präsentation ansieht. Ich habe schon alle möglichen Einladungen bekommen: Eine bestand aus einem Schal, eine lag in einem alten Buch von Virginia Woolf ... Ich habe einen ganzen Karton voller Einladungen. Von jeder Saison hebe ich die auf, die mir am besten gefallen. Aus meiner persönlichen Sammlung mag ich besonders gern die Einladung von Rodarte, die sie für ihre erste Modenschau verschickten. Der Umschlag war mit alten Briefmarken verziert.

> *„Online über eine Modewoche zu schreiben ist wie ein Marathonlauf, es ist Wahnsinn!"*

alle zum Erfolg bei. Wenn ich Hauptelemente nennen soll: die Auswahl der Teile, die gezeigt werden, die passende Anzahl Looks – 24 bis 36, die Gestaltung des Auftakts der Schau, ein ausgewogener Rhythmus bei der Präsentation der Outfits und natürlich die Beleuchtung

Style.com veröffentlicht werden. Online über eine Modewoche zu schreiben ist wie ein Marathonlauf, es ist Wahnsinn! Jeden Tag besuche ich fünf oder auch acht Modenschauen und dann gehe ich ins Büro, schreibe Artikel und bereite die Inhalte für den nächsten Tag auf. Auf

Welche Designer gestalten zurzeit die besten Modenschauen?

Theatralische Modenschauen können mich sehr begeistern, wenn die Kollektionsteile gut sind. Bei einer Show kommen besonders die Looks gut zur Geltung, die eine interessante Silhouette haben und den Körper umspielen. Manche Kleider wirken erst richtig gut auf dem Laufsteg, vor allem wenn man sie direkt vor sich hat und alle Details sehen kann.

Warum spielt eine Pressemitteilung bei der Vorbereitung einer Modenschau eine so wichtige Rolle?

Eine gute Pressemitteilung stellt die Kollektion in einen Kontext, sie vermittelt die Idee des Designers und ein Gesamtkonzept, das dann bei der Schau zum Tragen kommt. Man muss nicht viele Worte machen; sie sollte nicht länger als eine Seite sein und muss Kontaktinformationen zum Veranstalter liefern. Im Trubel der Modewoche weiß man nie, was passieren wird.

Nach welchen Kriterien wählt Style.com *die Designer aus, die dann veröffentlicht werden?*

Wir berichten über so viele Modenschauen wie möglich. Vor allem schreiben wir über die Schauen der Luxusbranche, über neue Kollektionen und über interessante Präsentationen. Wir würden gern mehr machen, aber dafür bräuchten wir ein größeres Team. Wir berichten über die Modehauptstädte (London, Paris, Mailand und New York) und versuchen auch, in anderen Städten dabei zu sein. Ich besuche sehr gern die Copenhagen Fashion Week, schreibe aber nicht regelmäßig auf *Style.com* darüber.

Online-Medien veröffentlichen bereits kurz nach der Schau Fotos im Internet. Die Branche (auch Einkäufer) sieht dadurch die Bedeutung der Modenschau geschmälert.

Dieses Thema wird viel diskutiert, eine Lösung wird man aber kaum finden ... Für die Umwelt wäre es allerdings gut, wenn die Menschen und die Kleider nicht ständig herumreisen müssten, aber man muss die Teile und Accessoires gesehen haben, um darüber berichten zu können.

Welchen Rat würden Sie einem Jungdesigner für seine erste Modenschau geben?

Mein Rat ist, dass man keine Modenschau braucht, um sich einen Namen zu machen. Es gibt heute so viele Laufstegpräsentationen, und die Produktion ist sehr teuer. Ich sehe keine Notwendigkeit dafür. Redakteure besuchen ständig Modenschauen, und vielleicht kann man dort als Newcomer am besten mit uns in Kontakt treten. Für mich ist es wichtiger, dass Jungdesigner einen aussagekräftigen Katalog zu ihrer Kollektion erstellt haben und gute Fotos zeigen, und dann erst sollten sie an eine Modenschau denken, um ihre Kollektion zu präsentieren.

Clive Booth
www.clivebooth.co.uk

An den präzisen Bildern von Clive Booth kann man deutlich ablesen, aus welchem Metier er stammt. Er war mehr als 20 Jahre als Grafikdesigner und Berater für visuelle Kommunikation für Adidas, Toyota und Moët & Chandon tätig. Sein individueller, detailreicher Stil beruht auf großer Erfahrung und machte ihn auch als Fotograf schnell erfolgreich.

Daniel Mayer
www.danielmayer.com

Daniel Mayer zeigt Mode im Bild. Seine Fotos finden sich auf den Titelblättern der renommiertesten Zeitschriften wie *Vanity Fair*, *GQ* oder *The New York Times*. Es sind aussagekräftige, klassische Porträts, die nichts vom Chaos hinter der Bühne erahnen lassen. Mit Christina Mayer als Artdirector gründete er das Online-Magazin *Backstage Magazine*.

David Ramos
www.davidramosphoto.com

David Ramos ist eigentlich Kriegsfotograf und hält in seinen Fotos die brutale Realität bewaffneter Auseinandersetzungen fest, die Emotionen auf Fußballfeldern und die zahlreichen sozialen Probleme in der Welt. Im Januar 2008 reiste er für Marie Claire nach Paris und zeigte die Haute-Couture-Woche von einer eher ungewohnten Seite.

Eric Oliveira
www.flickr.com/photos/ericska

Eric Oliveira stammt aus Brasilien und lebt zurzeit in London. Als Fotograf ist er vielseitig interessiert an Kunst, Musik und Mode. Das zeigt sich in seiner Art, die Models backstage in den verschiedenen Sets von Mailand bis Paris abzulichten. Durch die Posen der Models sprechen aus seinen Fotos immer eine gewisse Sinnlichkeit und Eleganz.

Eyesight
www.eyesight.fr

Die Produktionsfirma wurde 2002 gegründet. Sie konzipiert und produziert Modenschauen für Dior Homme, Sophia Kokosalaki, Giambattista Valli und Kris Van Assche. Mit dem Gespür und der Erfahrung von Thierry Dreyfus als Regisseur und Marie Meresse als Produktionsleiterin bewältigt das Team auch umfangreiche Präsentationen.

Gerard Estadella
www.icanteachyouhowtodoit.com

Estadellas Fotos entstehen meist abends bei den Partys mit viel Prominenz, wenn alle in gelöster Stimmung sind. Er fotografiert bei den Partys von Galliano, Balenciaga und Jeremy Scott, lässt es sich aber auch nicht nehmen, bei Modenschauen dabei zu sein und die Eindrücke hinter der Bühne, in der ersten Reihe oder vom Laufsteg festzuhalten.

Gi Myao
www.gimyao.com

Die Bilder des Modeillustrators Gi Myao sind perfekt in der Ausführung, ironisch und ebenso ästhetisch wie prägnant. Mit seinem besonderen Stil bannt er Marken wie Zara, Harvey Nichols oder LFW Daily Rubbish auf Papier. Seine glamouröse Karriere zeichnete sich schon zu Beginn ab, als er seine Bilder mit rotem Chanel-Lippenstift zeichnete.

Jarno Ketunen
www.jarnok.com

Seine Backstage-Zeichnungen entstehen unmittelbar aus dem Moment. Er skizziert live hinter der Bühne bei Präsentationen von Dior Homme, Jean Paul Gaultier oder Bruno Pieters und hält so die Emotionen des Augenblicks fest. Mit großzügigen Strichen entstehen Zeichnungen, die eine einzigartige Alternative zum Foto darstellen.

Mark Reay
www.backstagesideshow.com

Wenn er nicht gerade Szenen mit Hollywood-Größen festhält, befindet sich Mark Reay für die Zeitschrift *Dazed & Confused* bei der New York Fashion Week mitten im Backstage-Trubel und macht Nahaufnahmen von den schönen Models und dem gesamten Team.

OMA
www.oma.eu

Die Zusammenarbeit zwischen dem Architekten Rem Koolhaas und Prada begann 2001 mit dem Konzept für die führende Boutique des Labels in Manhattan. Zu der vielseitigen und produktiven Zusammenarbeit gehörte auch das Set für Modenschauen von Prada. Die besondere Handschrift von Rem Koolhaas ist dabei unübersehbar.

Sonny Vandevelde
www.sonnyphotos.typepad.com

Vandevelde reist unermüdlich durch die Welt und fotografiert backstage alle Modenschauen, zu denen er eingeladen wird – exklusive Eröffnungsveranstaltungen in Paris oder originelle Shows in Athen. Mit seiner Begeisterung für Mode und seinen guten Kontakten zu Models, Designern und Journalisten erzielt er authentische Insiderfotos.

Villa Eugénie
www.villaeugenie.com

Étienne Russo und sein Team produzieren die theatralischen Modenschauen für Chanel, die ästhetisch-künstlerischen Sets für Dries Van Noten und die unkonventionellen Präsentationen für das Maison Martin Margiela. Die Produktionen für die verschiedenen Designer haben eines gemeinsam: Das Publikum ist jedesmal überwältigt von der Schau.

Weitere Informationen

Online-Magazine

DazedDigital
www.dazeddigital.com

DeMode
www.demode.se

Dirrty Glam
www.dirrtyglam.com

Fashion.net
www.fashion.net

Fashionologie
www.fashionologie.com

Hintmag
www2.hintmag.com

Interview Magazine
www.interviewmagazine.com

"IT
www.itfashion.com

Nylon Magazine
www.nylonmag.com

PonyStep Magazine
www.ponystep.com

Refinery29
www.refinery29.com

Showstudio
www.showstudio.com

Style
www.style.com

Stylelist
www.stylelist.com

The Love Magazine
www.thelovemagazine.co.uk

Vogue
www.style.com/vogue

Wallpaper
www.wallpaper.com/fashion

Zoo Magazine
www.zoomagazine.de

Mode- und Trendmagazine

160g
www.160grams.com

Acne Paper
www.acnestudios.com/acne-paper

Amelia's Magazine
www.ameliasmagazine.com

Backstage Magazine
www.backstage-mag.com

Crash
www.crash.fr

Dresslab
www.dresslab.com

Fantastic Man
www.fantasticman.com

Fashion156
www.fashion156.com

Flaunt Magazine
www.flaunt.com

Fly 16x9 Magazine
www.fly16x9.com

Iconique
www.iconique.com

i-D Magazine
www.i-dmagazine.com/
primary_index.htm

Lula Magazine
www.lulamag.com

Metal Magazine
www.revistametal.com

NEO2
www.neo2.es

Pop Magazine
www.thepop.com

Purple Magazine
www.purple.fr

Russh Magazine
www.russhmagazine.com/
russh/home.html

Sesame Media
www.sesamemedia.com

Tush Magazine
www.tushmagazine.com

Zoozoom
www.zoozoom.com

Trends und Events

Business of Fashion
www.businessoffashion.com

Fashion Week Daily
www.fashionweekdaily.com

Fashion Wire Daily
www.fashionwiredaily.com

International Herald Tribune
www.nytimes.com/pages/
fashion

JC Report
www.jcreport.com

Modem Online
www.modemonline.com

The Fashion Spot
www.thefashionspot.com

The Moment
www.themoment.blogs.
nytimes.com

Unit-f
www.unit-f.at

wwd
www.wwd.com

Blogs

A Shaded View on Fashion
www.ashadedviewonfashion.
com

Blog Couture
http://blogcouture.info

Bored&Beautiful
http://blog.styleserver.de

Coute que Coute
www.coutequecoute.de

Fart Guide
http://fartguide.blogspot.com

Fashion Projects
www.fashionprojects.org

Fashion Reality
www.fashionreality.blogspot.
com

Fashionista
www.fashionista.com

Fifi Lapin
www.fifi-lapin.blogspot.com

Is Mental
www.is-mental.blogspot.com

Jak & Jil
www.jakandjil.blogspot.com

Jargol
www.jargol.com

Kate Loves Me
www.katelovesme.net

Kingdom of Style
www.kingdomofstyle.typepad.
co.uk

Miss at la Playa
www.missatlaplaya.blogspot.
com

Notcouture
www.notcouture.com

Style Bubble
www.stylebubble.typepad.com

Tavi
www.tavi-thenewgirlintown.
blogspot.com

The Clones
www.theclones.eu

The Coveted
www.the-coveted.com/blog

The Fashion Observer
www.thefashionobserver.com

Model-Agenturen

Confessions of a Casting Director
www.coacdinc.com

DNA Models
www.dnamodels.com/news-letter

Elite London
www.elitelondon.blogspot.com

Models.com
www.models.com

One Management News
www.onemanagement.com/news

Supreme Management
www.suprememanagement.com/bring

Uno Bcn
www.unobcn.com

Women Management Blog
www.womenmanagement.blogspot.com

Women Paris Management
www.womenmanagementparis.blogspot.com

Produktionsfirmen

Atelier Lum
www.atelierlum.com

Bureau Betak
www.bureaubetak.com

Eyesight
www.eyesight.fr

Gainsbury and Whiting
www.gainsburyandwhiting.com

La Mode en Images
www.mode-images.com

LOT experimental spaces
www.lot71.com

Obo Global
www.oboglobal.com

Spec Entertainment
www.specentertainment.com

Thierry Dreyfus
www.thierry-dreyfus.com

Villa Eugénie
www.villaeugenie.com

Kreativfirmen

Almudena Madera
www.almudenamadera.com

Art+Commerce
www.artandcommerce.com/aac/startpage.aspx

Blow
www.blow.co.uk

Clm
www.clmus.com

Hunter&Gatti
http://hunterandgatti.blogspot.com

Jed Root
www.jedroot.com

Kaastel Agent
www.kasteelagent.com

MAP LTD
www.mapltd.com

Motif Management
www.motifmanagement.com

Poetic Artists
www.poeticartists.com

Streeters London
www.streeterslondon.com

Presse und PR

Fashion Press Release
www.fashionpressrelease.com

Mao
www.maopr.com

People's Revolution
www.peoplesrevolution.com

Pressing Online
www.pressingonline.com

Relative
www.relative-london.com

Système D
www.systeme-d.net

Fotografien

Catwalking
www.catwalking.com

Go Backstage
www.gobackstage.blogspot.com

Marcio Madeira
www.firstview.com

Mark Reay
www.markreay.net

Sonny Photos
www.sonnyphotos.typepad.com

Modewochen

9Festival for Fashion & Photography
www.9festival.at

Australian Fashion Week
www.rafw.com.au

Barcelona Fashion Week
www.080barcelonafashion.com

Berlin Fashion Week
www.mercedes-benzfashion-week.com

Copenhagen Fashion Week
www.copenhagenfashionweek.com

Japan Fashion Week
www.jfw.jp

London Fashion Week
www.londonfashionweek.co.uk

Madrid Fashion Week
www.ifema.es/ferias/cibeles

Milan Fashion Week
www.cameramoda.it

New York Fashion Week
www.mbfashionweek.com

Paris Fashion Week
www.modeaparis.com

São Paulo Fashion Week
www.spfw.com.br

Vienna Fashion Week
www.mqviennafashionweek.com

Villa Noailles
www.villanoailles-hyeres.com

Quellennachweis

....

Literatur

Bernard, Malcolm: *Fashion as Communication.* Routledge, New York 2002.

Breward, Christopher, und David Gilbert: *Fashion's World Cities.* Cultures of Consumption Series. Berg Publishers, Oxford 2006.

Bruzzi, Stella, und Pamela Church Gibson: *Fashion Cultures: Theories, Explorations and Analysis.* Routledge, New York 2001.

Evans, Caroline: *Fashion at the Edge: Spectacle, Modernity and Deathliness.* Yale University Press, New Haven, Connecticut 2003.

Figueras, Josefina: *Protagonistas de la moda.* Ediciones Internacionales Universitarias, Madrid.

Gehlhar, Mary: *The Fashion Designer Survival Guide: An Insider's Look at Starting and Running Your Own Fashion Business.* New York 2005.

Goworek, Helen: *Fashion Buying.* Wiley Blackwell, Oxford 2001.

Jackson, Tim, und David Shaw: *The Fashion Handbook.* Routledge, New York 2006.

Jenkyn Jones, Sue: *Modedesign.* Stiebner Verlag, München 2006.

Martínez Caballero, Elsa, und Ana Isabel Vázquez Casco: *Márqueting de la moda.* Ediciones Pirámide, Madrid 2006.

Del Olmo Arriaga, José Luis: *Marketing de la moda.* Ediciones Internacionales Universitarias, Madrid.

Pochna, Marie-France: *Dior. Universo de la Moda.* Ediciones Polígrafa, Barcelona 1997.

Quick, Harriet: *Catwalking: A History of the Fashion Model.* Booksales, Northfield 1999.

Quinn, Bradley: *Techno Fashion.* Berg Publishers, Oxford 2002.

Schweitzer, Marlis: *When Broadway Was the Runway: Theater, Fashion and American Culture.* University of Pennsylvania Press, 2008.

Sorber, Richard, und Jenny Udale: *Principios básicos del diseño de moda.* Gustavo Gili, Barcelona 2008.

Tungate, Mark: *Marcas de moda. Marcar estilo desde Armani a Zara.* Gustavo Gili, 2008.

White, Nicola, und Ian Griffiths: *The Fashion Business: Theory, Practice, Image. Dress, Body.* Culture Series. Berg Publishers, Oxford 2000.

Wilcox, Claire: *Radical Fashion.* Victoria and Albert Museum Studies, London 2001.

Williams, Roshumba: *The Complete Idiot's Guide to Being a Model.* Alpha, New York 1999.

Zazzo, Anne, et. al.: *Fashion show. Les desfilades de moda.* Museu Tèxtil i d'Indumentaria, Barcelona

Zeitschriftenartikel

Baldenweg, Nora: „Wonder Woman", *Russh Magazine,* Juli–August 2009.

Callender, Cat: „Fashion & style: the model maker", *The Independent,* 29. September 2005.

Cocgard, Catherine: „Alexandre de Betak, scénographe de mode", *Le Temps,* 24. September 2008.

Ellis, D.: „Show", *Big Magazine,* 2006, n° 63.

Orecklin, Michele: „The Shape of Things to Come: Pat McGrath", *Time Style & Design,* Frühjahr 2003.

Prigent, Loïc: „Alex de Betak, Le Cecil B. De Mille des podiums", *Mixt(e) Magazine,* März–April 2004.

Rousseau, Carole: „Les Producteurs", *Le Figaro,* 27. Februar 2007.

Online-Artikel

Barber, Lynn: „Why Katie Grand is the most-wanted woman in fashion", *Guardian.co.uk,* http://www.guardian.co.uk/lifeandstyle/2008/jul/06/women.fashion2 [siehe: 06/07/2008].

Blakeley, Kiri: „How To Be A Supermodel", *Forbes.com,* http://www.forbes.com/2007/10/02/modeling-moss-bundchen-biz-media_cz_kb_1003supermodels.html [siehe: 10/03/2007].

Borrelli-Persson, Laird: „Rodarte Fashion Show Review", *Style.com,* http://www.style.com/fashionshows/review/F2009RTW-RODARTE [siehe: 17/02/2009].

Breslin, Yale: „Meet Greg Kessler", *StarWorks Blog,* http://starworksny.com/blog/2009/01/20/meet-greg-kessler [siehe: 20/01/2009].

Bumpus, Jessica: „Jensen's LFW Move", *Vogue.com,* http://www.vogue.co.uk/news/daily/090813-peter-jensen-to-do-a-presentation-i.aspx [siehe: 13/08/2009].

Carter, Lee: „Hedi Slimane: Dior's Homme Away from Home", *Hint Fashion Magazine,* http://www.hintmag.com/hinterview/hedislimane/hedislimane1.php [siehe: 19/11/2009].

Cartner-Morley, Jess: „Modesty Blaze", *Guardian.co.uk,* http://www.guardian.co.uk/lifeandstyle/2005/feb/26/shopping.fashion1#history-byline [siehe: 26/02/2005].

Doig, Stephen: „Christopher Kane: Show Report", *Vogue UK,* http://www.vogue.co.uk/fashion/show.aspx/catwalk-report/id,3882 [siehe: 20/10/2006].

Foley, Bridget: „Smart Sex", *W Magazine,* http://www.wmagazine.com/fashion/2009/09/prada [siehe: 19/09/2009].

Fortini, Amanda: „How the Runway Took Off", *Slate Magazine,* http://www.slate.com/id/2173464/ [siehe: 06/09/2007].

Graham, David: „Alexander McQueen brings once-exclusive show online", *TheStar.com,* http://www.thestar.com/living/fashion/article/705809--alexander-mcqueen-brings-once-exclusive-show-online [siehe: 06/10/2007].

Griffiths, Liz: „Christopher Kane: New Gen Profile", *Female First,* http://www.femalefirst.co.uk/lifestyle-fashion/styletrendsChristopher+Kane+New+Gen+Profile-4373.html [siehe: 21/01/2008].

Healy, Murray: „Katie Grand: She's Popping Out", *Hint Fashion Magazine,* http://www.hintmag.com/hinterview/katiegrand/katiegrand2.php [siehe: 19/11/2009].

Kowalewski, Katharina: „Carine Roitfeld Interview, Marc by Marc Jacobs Show, NYC", *KO Fashion,* http://blog.kofashion.com/post/2008/04/19/CARINE-ROITFELD-INTERVIEW [siehe: 19/04/2008].

Kowalewski, Katharina: „Bernhard Willhelm Interview", *KO Fashion,* http://blog.kofashion.com/post/2008/04/2/CARINE-ROITFELD-INTERVIEW [siehe: 02/10/2008].

Landman, Kyle: „Welcome to the Dollhouse", *JC Report*, http://www.jcreport.com/interviews/180608/welcome-dollhouse [siehe: 18/06/2008].

Limnander, Armand: „Alexander McQueen Fashion Show Review", *Style.com*, http://www.style.com/fashionshows/review/S2001RTW-AMCQUEEN [siehe: 26/09/2000].

Marshall, Alexandra: „Runway Looks. New York's Best Sets", *The New York Times*, http://themoment.blogs.nytimes.com/2009/02/20/runway-looks-new-yorks-best-sets/#more-3525 [siehe: 20/02/2009].

Midexpo: „Interview with Maria Valentino (FirstView)", Photostars. http://www.photostars.ru/index.

Mower, Sarah: „Peter Jensen Review", *Style.com*, http://www.style.com/fashionshows/review/2010RST-PJENSEN [siehe: 16/06/2009].

Odell, Amy: „Viktor & Rolf Won't Do a Runway Show for Paris Fashion Week", *Nymag.com*, http://nymag.com/daily/fashion/2008/09/viktor_rolf_wont_do_a_runwy_sh.html [siehe: 15/09/2008].

Phelps, Nicole: „If You Knew Suzy... Designers Celebrate Menkes'20-Year Regin at the IHT", *Style.com*, http://www.style.com/peopleparties/parties/scoop/global-092808SUZY [siehe: 28/11/2008].

Rosenblum, Emma: „Everybody Does Go-Sees", *Nymag.com*. http://nymag.com/fashion/look/2008/fall/gosees [siehe: 06/05/2008].

Seabrook, John: „A Samurai in Paris: Suzy Menkes", *The New Yorker*, http://www.booknoise.net/johnseabrook/stories/design/menkes [siehe: 17/03/2001].

Trebay, Guy und Cathy Horyn: „Who Will Put Together the Collections? Karl Templer: A Sounding Board of Sorts at Calvin Klein", *The New York Times*, http://www.nytimes.com/2007/09/09/fashion/shows/09INTRO.html [siehe: 09/09/2007].

Anmerkungen

Kapitel 1
(1) Martínez Caballero und Vázquez Casco (S. 291)
(2) Tungate (S. 186)
(3) Wilcox (S. 2)
(4) Sorber und Udale (S. 131)
(5) Martínez Caballero und Vázquez Casco (S. 292)
(6) Del Olmo Arriaga (S. 247)
(7) Sorber und Udale (S. 131)
(8) Cartner-Morley (2000: 11), Zitat von Khan bei Bruzzi und Church Gibson (S. 114)
(9) Martínez Caballero und Vázquez Casco (S. 291)
(10) Evans (S. 68)
(11) O'Neill, Zitat bei Wilcox (S. 45)
(12) Cartner-Morley (26. Feb. 2005)
(13) Frankel, Zitat bei Wilcox (S. 19)
(14) Ellis
(15) Tungate (S. 188)
(16) Mora, Zitat bei Martínez Caballero und Vázquez Casco (S. 292)
(17) Tungate (S. 188)
(18) Sorber und Udale (S. 133)
(19) Martínez Caballero und Vázquez Casco (S. 293)

Kapitel 2
(1) Steel, Zitat bei Fortini (6. Sep. 2007)
(2) Quick (S. 24)
(3) Del Olmo Arriaga
(4) Quick (S. 24)
(5) Evans, Zitat bei Zazzo et al. (S. 30)
(6) Lécallier, Zitat bei Zazzo et al. (S. 47)
(7) Schweitzer (S. 195)
(8) Schweitzer (S. 197)
(9) Quick (S. 27)
(10) Fortini (6. Sep. 2007)
(11) Pochna (S. 8)
(12) Quick (S. 70)
(13) Pochna (S. 8)
(14) Figueras (S. 36)
(15) Del Olmo Arriaga
(16) Zazzo et al. (S. 40)
(17) Quick (S. 125)
(18) Zazzo et al. (S. 84–85)
(19) Frankel, Zitat bei Wilcox (S. 23)
(20) Bellafonte, Zitat von Buckley und Gundle bei Bruzzi und Church Gibson (S. 339)
(21) Quick (S. 134)
(22) Quick (S. 141)
(23) Frankel, Zitat bei Wilcox
(24) Evans, Zitat bei Bernard (S. 168)
(25) Graham (6. Okt. 2009)

Kapitel 3
(1) Jenkyn (S. 29)
(2) Del Olmo Arriaga (S. 150)
(3) Jackson und Shaw (S. 179)
(4) Tungate (S. 186–187)
(5) Bumpus (13. Aug. 2009)
(6) Breward und Gilbert (S. 24)
(7) Tungate (S. 185)
(8) Ebd. (S. 185)
(9) Breward und Gilbert (S. 24–25)
(10) Ebd. (S. 24)
(11) Fortini (6. Sep. 2007)
(12) www.johngalliano.com
(13) Jenkyn Jones (S. 162)

Kapitel 4
(1) Camps, Zitat bei Zazzo et al. (S. 101)
(2) Frankel, Zitat bei Wilcox
(3) Goworek (S. 35)
(4) Jackson und Shaw (S. 34)
(5) Goworek (S. 36)
(6) Carter (19. Nov. 2009)
(7) Quinn (S. 90)
(8) Evans (S. 76)
(9) Odell (15. Sep. 2008)
(10) Evans (S. 70)
(11) Evans (S. 71)
(12) White und Griffiths (S. 148)
(13) Evans (S. 4)
(14) Bruzzi und Church Gibson (S. 122)
(15) Wilcox
(16) Steele, Zitat bei Wilcox (S. 53)

Kapitel 5
(1) Borrelli-Persson (17. Feb. 2009)
(2) Camps, Zitat bei Zazzo et al. (S. 105)
(3) Dreyfus, Zitat bei Tungate (S. 189)
(4) Evans (S. 4)
(5) Landman (18. Juni 2008)

Kapitel 6
(1) Rousseau (27. Feb. 2007)
(2) Marshall (20. Feb. 2009)
(3) Cocgard (24. Sep. 2008)
(4) Healy (19. Nov. 2009)
(5) Barber (6. Juli 2008)
(6) Healy (19. Nov. 2009)
(7) Baldenweg (Juli–August 2009)
(8) Trebay und Horyn (9. Sep. 2007)
(9) Foley (September 2009)
(10) Callender (29. Sep. 2005)
(11) Rosenblum (6. Mai 2008)
(12) Kowalewski (19. April 2008)
(13) Quick (S. 174)
(14) Prigent (März–April 2004)

Kapitel 7
(1) Gehlhar (S. 204)
(2) Doig (20. Sep. 2006)
(3) Gehlhar (S. 222)
(4) Kowalewski (2. Okt. 2008)
(5) Seabrook (17. März 2001)
(6) Tungate

Kapitel 8
(1) Orecklin (Frühjahr 2003)
(2) Breslin (20. Jan. 2009)
(3) Williams (S. 266)
(4) Cocgard (24. Sep. 2008)
(5) Zazzo et al. (S. 45)
(6) Midexpo, Interview mit Maria Valentino
(7) Phelps (28. Sep. 2008)
(8) Seabrook (17. März 2001)
(9) Ebd.
(10) Foley (Sep. 2009)

Danksagung

Zunächst möchte ich allen danken, die an dieses Projekt geglaubt haben und daran mit vielen Beiträgen, mit Zeit, Ideen und Erfahrung mitgewirkt haben. Mein Dank gilt den fantastischen Fotografen Clive Booth, Daniel Mayer, David Ramos, Eric Oliveira, Gerard Estadella, Mark Reay und Sonny Vandevelde (danke :-)). :-)). Ich danke den Illustratoren Gi Myao und Jarno Ketunen. Danken möchte ich auch Eugene Souleiman für seine Energie, Frédéric Sanchez für sein Fingerspitzengefühl, Jean-Luc Dupont für seinen Einsatz, seine Unterstützung und seine professionelle Arbeit; Henrik Vibskov für seinen Humor, Michael Brown für seine Begeisterung, Laird Borrelli für ihren Rat und ihre Gelassenheit und Thierry Dreyfus für seinen Elan und seine Bereitschaft, mir Kontakte zu vermitteln und mir zu zeigen, dass es nicht unmöglich ist, an die besten Leute heranzukommen, für die man sich begeistert. Mein Dank gilt auch: Agentur V (Herbert Hofmann), *Backstage Magazine* (Christina Mayer und Daniel Mayer), Bless, Copenhagen Fashion Week (Kate Moss), Dries Van Noten (Daphnée Devichi), Eyesight (Richard Malaurie), Full Picture (Vanessa Pritchard), Hussein Chalayan (Anne Babel), Karla Otto (Rivrain Thibault), Maison Martin Margiela (Chloé Marengo), Mark George, Miss at la Playa (Mónica), OMA (Farina Kast), Randy Bigham, *Rubbish Mag* (George Ryan), Streeters London (Gosia Chalas), *Style.com* (Steven Thompson), *Stylelist* (Sarah Cristobal), Thierry Dreyfus (Valérie Pinet), Villa Eugénie (Julie Mys) und Vivienne Westwood (Hongyi Huang).

Außerdem möchte ich mich bei maomao und insbesondere bei Anja bedanken, die mir dieses Projekt zugetraut hat und stets da war, wenn ich Hilfe brauchte. Bei Borja für seine Professionalität, mit der er mir bei schwierigen Fragen weiterhalf. Bei meinem Kollegen Pit, der mir Tag für Tag durch dieses aufregende Abenteuer mit Rat und freundlicher Unterstützung zur Seite gestanden hat. Bei meiner Familie und meinen Freunden, die mich zu diesem Projekt ermutigt haben. Bei meiner Schwester. Bei meinem Vater und vor allem bei meiner Mutter, Marisé Álvarez, der ich dieses Buch widme.

....

Estel Vilaseca
Redakteurin

Borja Rodríguez
Redaktionsassistent

„Mode ist Veränderungen unterworfen, die von der jeweiligen Zeit diktiert werden, und Modenschauen sind davon nicht ausgenommen. Bei Laufstegpräsentationen zeichnet sich eine unaufhaltsame Veränderung ab, die sich bereits während des Verfassens dieses Buches vollzieht. Die aktuelle wirtschaftliche Lage, neue technische Möglichkeiten und ein Modekalender, der ständig in Bewegung ist, sind drei Elemente, die ein völlig neues Kapitel aufschlagen. Backstage verabschieden sich Designer von ihrem Einzelkämpfertum und arbeiten mit verschiedenen Modeprofis an den neuen Trends und an der Kommunikation dieser Strömungen. In der Front Row verlangen Einkäufer, junge Meinungsmacher und eine aufmerksame und kritische neue Generation nach Präsentationen, die in die heutige Zeit passen. Für die Modenschau der Zukunft muss man die Geschichte und die neuen Entwicklungen genau im Blick haben."

Estel Vilaseca hat an der Universität Pompeu Fabra in Barcelona ein Diplom in Audiovisueller Kommunikation erworben. 1999 gründete sie mit Mireia Sabanés *itfashion.com*, eines der ersten spanischsprachigen Online-Magazine für neue Trends. Gleichzeitig war sie für die Firmen Dresslab und Neomoda als leitende Webdesignerin tätig. 2009 gründete sie die Website *unseentrends.com*, für die sie als Redakteurin, Designerin und Trendforscherin tätig ist.

„Ist Mode Kunst oder Geschäft? Welche Faktoren sind entscheidend dafür, dass ein Artikel gekauft wird? Warum findet man ein Label wunderbar, das andere nicht? Warum gilt Mode als kurzlebig? Wie kreiert ein Modedesigner eine Kollektion? Was macht Mode so attraktiv? Auf der Suche nach Antworten auf diese und viele andere Fragen habe ich mein Leben einer so verführerischen und oberflächlichen Branche wie der Mode gewidmet."

Borja Rodríguez studierte Journalismus und entdeckte die Welt der Mode als seine Berufung. Deshalb entschied er sich für ein Aufbaustudium in Modekommunikation und Modejournalismus. Er arbeitete mit an der Gestaltung des Programms *Silenci?* des Televisió de Catalunya und war Redakteur bei *Lamono*, einer Zeitschrift für zeitgenössische Kunstströmungen. Zurzeit schreibt er für verschiedene Mode- und Trendverlage.